从零开始学
区块链

谭磐贤　编著

清华大学出版社
北　京

内 容 简 介

本书包括 12 章专题，共 108 个问题、120 个案例、230 个图解，从零开始深度解读区块链的技术要点和场景案例，是一本看得懂、学得会、用得着的区块链入门书。

全书通过下面两条线，对区块链的相关内容进行了解读。

一条是"技术要点"线，详细介绍了区块链的相关概念、发展历程、分类方式、主要特征以及技术运用等内容，让读者可以快速了解和玩转区块链技术，看懂其幕后机制。

另一条是"应用案例"线，详细介绍了区块链在金融领域、政务领域、生活领域、能源领域以及其他领域的综合应用案例，同时还解读了区块链的风险防范技巧，帮助读者了解如何利用区块链技术重构社会生活的方方面面。

本书知识架构清晰明了，适合对区块链技术感兴趣的人员，特别是 IT 界和金融界的从业人员使用，同时也是区块链小白投资者的入门实操指南。

本书封面贴有清华大学出版社防伪标签，无标签者不得销售。
版权所有，侵权必究。举报：010-62782989，beiqinquan@tup.tsinghua.edu.cn。

图书在版编目(CIP)数据

从零开始学区块链/谭鋆贤编著. —北京：清华大学出版社，2022.2
ISBN 978-7-302-59932-6

Ⅰ. ①从… Ⅱ. ①谭… Ⅲ. ①区块链技术 Ⅳ. ①F713.361.3

中国版本图书馆 CIP 数据核字(2022)第 017335 号

责任编辑：张　瑜
装帧设计：杨玉兰
责任校对：李玉茹
责任印制：宋　林

出版发行：清华大学出版社
网　　址：http://www.tup.com.cn, http://www.wqbook.com
地　　址：北京清华大学学研大厦 A 座　　邮　编：100084
社 总 机：010-83470000　　邮　购：010-62786544
投稿与读者服务：010-62776969, c-service@tup.tsinghua.edu.cn
质量反馈：010-62772015, zhiliang@tup.tsinghua.edu.cn

印 装 者：三河市东方印刷有限公司
经　　销：全国新华书店
开　　本：170mm×240mm　　印　张：16.75　　字　数：316 千字
版　　次：2022 年 2 月第 1 版　　印　次：2022 年 2 月第 1 次印刷
定　　价：65.00 元

产品编号：066693-01

前　言

要弄懂区块链技术，大家可以先看看下面这几个问题。

(1) 区块链是什么？

区块链是实现价值转移的一种底层应用技术，其本质是一种分布式数据库，也可以说是一个可共享且不易被更改的分布式账本，目前已经广泛应用于金融、政务、物流、工业、能源、溯源、游戏、医疗、存证、营销以及居民生活等场景。

(2) 区块链有何特征？

去中心化是区块链的最大特征，同时区块链还具有可信任、开放性、自治性、安全性、匿名性等特征。

(3) 区块链技术的优势是什么？

区块链技术的核心原理包括区块、哈希算法、公钥和私钥、时间戳、Merkle 树结构等，是一种人人参与的记账方式，可以建立真正的信任关系。

(4) 区块链市场的发展空间如何？

目前，国内的区块链市场还处于起步阶段，在各种新科技的不断更新迭代下，区块链将会融入更多的行业中，呈现"遍地开花"的局面。

随着区块链技术的发展，对于传统企业来说，区块链已不再是颠覆或融合的问题，而是传统企业如何利用区块链的领先技术进行商业创新和模式改造。

本书从区块链的技术要点和应用案例两大板块出发，向读者详细介绍了其起源、特征、技术、市场以及应用场景等内容，希望能对读者有所启发。

本书通过 12 章内容讲解、108 个知识点问答、120 个应用案例分析、230 个图解，对区块链的关键内容进行了全面的解读，帮助读者了解区块链的技术、思维和应用，抓住区块链的市场新机遇。

区块链是一场正在爆发的价值互联网革命，它不仅是一场技术革命，还是一场认知革命！掌握区块链，你将变得无往而不胜；失去区块链，你将错失未来的商业新机遇！

因编写时间仓促，书中难免有错误、疏漏之处，欢迎广大读者指正，也欢迎就区块链问题多多沟通。

编　者

目 录

第1章 揭开面纱：了解区块链的真相 1

- 001 区块链为什么会诞生 2
- 002 区块链技术是如何产生的 4
- 003 区块链如何解决信任危机问题 6
- 004 区块链到底是什么 8
- 005 区块链和比特币是什么关系 11
- 006 区块链的核心原理是什么 12
- 007 区块链的工作原理是什么 20
- 008 区块链有哪些重要的发展阶段 21
- 009 区块链技术的发展历程是怎样的 24
- 010 中本聪到底是何方神圣 29
- 011 区块链会应用于哪些行业 31
- 012 区块链中有哪些必知的词条 35

第2章 追根溯源：看懂加密数字货币 37

- 013 比特币究竟是什么？有何特点 38
- 014 比特币有哪些关键的时间点 40
- 015 比特币有哪些缺点 45
- 016 比特币的工作流程是什么 46
- 017 比特币怎么记账和转账 48
- 018 比特币的矿池、矿场和地址是什么 52
- 019 "挖矿"是什么意思 55
- 020 比特币的"挖矿"机制是什么 58
- 021 比特币的分叉是什么意思 60
- 022 EOS 的超级节点是什么 63

第3章 层层深入：掌握区块链的分类 65

- 023 什么是公有链？有何特征 66
- 024 最具潜力的公有链有哪些 68
- 025 联盟区块链是何物 71
- 026 知名的联盟链项目有哪些 74

027	私有链有哪些特点和应用	78
028	区块链还有哪些分类	80
029	进军区块链需要注意哪些事项	83
030	投资区块链需要注意哪些陷阱	84

第4章　轻松掌握：区块链的这些特征　87

031	什么是中心化和去中心化	88
032	去中心化有哪些价值和应用场景	90
033	区块链的信任从何而来	92
034	为什么说区块链系统是开放的	95
035	区块链的自治性有何体现	96
036	为什么说区块链的信息更安全	98
037	区块链的匿名性有何能力	101
038	区块链是怎么实现数据共享的	103
039	区块链技术是否存在瓶颈	105

第5章　本质解密：区块链的技术运用　107

040	区块链的底层架构是什么	108
041	区块链的核心技术是什么	112
042	区块链有哪些常见的共识机制	113
043	区块链是如何运用密码学的	116
044	区块链的数据存储技术是什么	118
045	区块链如何与大数据技术进行融合	120
046	区块链如何与物联网技术进行融合	123
047	区块链如何与云计算技术进行融合	125
048	区块链如何与人工智能技术进行融合	129

第6章　发展探究：区块链的巨头平台　131

049	国外区块链的产业现状如何	132
050	国内区块链的产业现状如何	132
051	腾讯的区块链平台有何特点	137
052	阿里巴巴的区块链平台有何特点	140
053	百度的区块链平台有何特点	143
054	京东的区块链平台有何特点	146
055	中国移动的区块链平台有何特点	149

	056	迅雷的区块链平台有何特点	151
	057	未来全球的区块链趋势是什么	154

第7章　实战案例：区块链在金融领域的应用 ... 155

	058	区块链与金融创新有哪些结合点	156
	059	区块链在供应链金融中有何应用	157
	060	区块链在资产管理方面有何应用	159
	061	区块链在跨境金融方面有何应用	162
	062	区块链在征信数据方面有何应用	163
	063	区块链在保险领域有何应用	165
	064	区块链在消费金融方面有何应用	167
	065	区块链在证券方面有何应用	169
	066	区块链在泛金融领域有何应用	171
	067	区块链与金融结合存在的问题有哪些	174
	068	区块链如何防止欺诈行为的出现	176

第8章　实战案例：区块链在政务领域的应用 ... 179

	069	区块链在政务领域有哪些优势	180
	070	区块链在政务领域的应用方向是什么	182
	071	区块链在电子票据方面有何应用	184
	072	区块链在政务数据处理方面有何应用	187
	073	区块链在数字城市方面有何应用	187
	074	区块链在数字身份方面有何应用	189
	075	区块链在业务协作方面有何应用	190
	076	区块链在税务发票方面有何应用	193
	077	区块链在可信存证方面有何应用	195
	078	区块链在不动产方面有何应用	197
	079	区块链在司法取证方面有何应用	199

第9章　实战案例：区块链在生活领域的应用 ... 203

	080	区块链在医疗领域有何应用	204
	081	如何用区块链解决版权保护的问题	205
	082	区块链在慈善领域有哪些优势	207
	083	区块链在养老服务中有何应用	209
	084	区块链在校园和职场中有何应用	210

| | 085 | 区块链在教育领域有何应用 | 211 |
| | 086 | 区块链在游戏领域有何应用 | 214 |

第 10 章 实战案例：区块链在能源领域的应用 ... 219

	087	区块链技术对能源领域有何影响	220
	088	当下能源领域的行业痛点有哪些	222
	089	区块链在发电场景下有何应用	223
	090	区块链在输配场景下有何应用	225
	091	区块链在负荷场景下有何应用	226
	092	区块链在电动汽车领域有何应用	227
	093	区块链在能源领域有何挑战	228

第 11 章 实战案例：区块链在其他领域的综合应用 ... 231

	094	区块链在电商领域有何应用	232
	095	区块链在物联网领域有何应用	235
	096	区块链在工业制造领域有何应用	237
	097	区块链在工业互联网领域有何应用	239
	098	区块链在物流场景下有何应用	241
	099	区块链在数字营销领域有何应用	243
	100	区块链在仓储领域有何应用	245
	101	区块链在零售行业有何应用	246
	102	区块链在房地产领域有何应用	247

第 12 章 风险防范：区块链的安全如何保障 ... 249

	103	区块链有哪些弊端	250
	104	区块链的安全风险有哪些	251
	105	最需要注意的灾难性风险是什么	253
	106	加密数字货币是否会被盗	254
	107	可以用法律手段追回被盗的损失吗	255
	108	如何辨别区块链项目是否为骗局	257

第 1 章

揭开面纱：了解区块链的真相

近年来，区块链成了一个热门话题。那么，区块链究竟是什么呢？有人说它是一种数据结构，也有人说它是一种分布式账本技术。本章就来带领大家揭开区块链的神秘面纱，看看区块链究竟是何物。

001　区块链为什么会诞生

在互联网和计算机技术的高速发展下，各种新的金融科技应运而生，而区块链(blockchain)则是其中最引人关注的一种技术，成了全球瞩目的创新行业，很多大型金融机构、银行和互联网企业纷纷布局区块链产业。

例如，中国工商银行成功对接国家外汇管理局跨境金融区块链服务平台，大幅提升了外贸企业的金融服务效率，有助于促进"稳外贸、稳外资"。再如，招商银行上线了一链通区块链平台，同时探索了大量的区块链应用场景，如图1-1所示。

图1-1　招商银行的一链通区块链平台

那么，为什么大家都在谈区块链，而且还在积极付诸行动呢？区块链究竟是如何火起来的呢？区块链可以说是当下的一个现象级概念，要探究其起源，我们可以从远古社会的记账方式来解读。

早在原始社会，人们就学会了利用刻画、绘图和结绳等方式来记账。随着生产力水平的提高，人们又开始使用文字来记流水账，这样能够记录更多的信息。通过流水账的形式，人们可以非常直观地看到每一笔收支的时间、地点和金额等信息。

随着社会的不断进步，记账的方式也变得越来越高级和复杂。例如，明末清初的龙门账，后来又发展成为四脚账，是单式记账向复式记账的重大转变。复式记账法不仅可以全面地反映每一笔资金的来龙去脉，而且还能够进行试算平衡，让查账和对账变得更加方便。

到了现代，随着计算机和信息技术的发展，每个企业需要处理的账务变得越来越复杂，稍有不慎就会引发信任危机。在这种情况下，会计成了企业运行中必不可少的一个岗位角色，同时记账的方式也不断地创新和完善。

即便如此，记账过程中仍然存在很多信任问题，而区块链则是解决信任问题的最佳选择之一。区块链是比特币的一种底层应用，也可以将其看成是一个分布式账本，它同时具备如图1-2所示的几个特点。

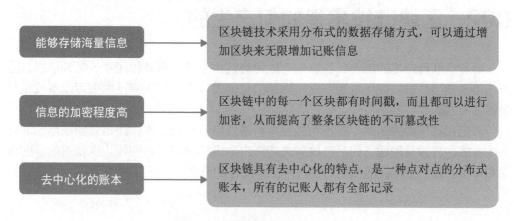

图1-2 分布式账本的3大特点

下面通过一个小故事来解读区块链是怎么产生的。

在一个完全封闭的小镇里，人们每天的工作就是做面包，而面包的数量也就成了衡量大家财富的标志。人们每天将做好的面包放在一个仓库中，由镇长来清点和记账。因此，镇长的账本上记录了每个人的财富值，而且人们可以根据这个账本上的财富值来购买其他东西。

这种记账方式就称为中央记账式金融体系。举个简单的例子，微信就是典型的中央记账式金融体系：微信就相当于故事中的"镇长"，用户存到微信里的钱，就在微信的账本中记录着。

不过，镇长毕竟也只是个普通人，也存在着健忘、徇私舞弊和犯傻的毛病，因此在记账时难以做到完全公平公正。另外，在保管账本的时候，也存在很多问题，如丢失账本中的一页或一本，或者因受潮等原因导致字迹看不清，甚至还有可能某些信息被人篡改。

因此，人们决定不再去镇长那里记账，而是每个人都携带一个账本，谁做出面包时就记一笔账，并通知所有人都在自己的记账本上写上相同的内容，同时自己的账本由自己来保管。

另外，人们为了防止出现弄虚作假的情况，还给每个面包都做了标记，记录生产的时间、地点和人物。因此，小镇里每个人的账本中，都记录了每个面包的完整信息。此后，人们在交换面包和购买物品时，也采用这种方式来记账，这样就可以避免镇长记账中存在的那些问题，这便是去中心化的分布式记账。

在区块链中，可以按照一定的规则产生"面包"，同时能够清晰地记录这些"面包"的来龙去脉，并且具有安全、准确、高效、公开的优势。对于传统金融机构来说，区块链可以说是一个颠覆者。

002 区块链技术是如何产生的

随着互联网技术的成熟，互联网可以传播包括图文、声音和视频等各种信息，但无法传递货币信息。如果说互联网技术是信息传播网络，区块链技术则可以看成是价值传输网络。

人们在买东西的时候，是不可能直接将钱复制给收款方的，而是需要在自己的账户中减去相应数量的钱，然后在收款方的账户中增加对应数量的钱，这就是价值的传递和转移。我们使用微信或支付宝付款也是同样的道理，如图 1-3 所示。

图 1-3　微信支付

在价值转移的过程中，会涉及 A 和 B 两个地址，如图 1-3 中的零钱通和美团平台商户。当价值从 A 地址(零钱通)转移到 B 地址(美团平台商户)时，A 地址中就会减少部分价值，而 B 地址中则会增加对应数量的价值。互联网平台无法直接实现这种价值的转移，通常需要一个第三方平台来做背书，微信就担任着这个角色，它会在账本中记录和执行这些价值的转移。

那么，如果在没有中心化的第三方平台下，大家要如何完成价值的转移呢？此时，区块链技术就是一种很好的解决方案，它能够让大家达成信任共识，从而实现远距离的安全支付。

通过区块链技术，能够构建一种点对点的分布式账本体系，每个参与者手中都有一份内容完全一致的账本，只要有一个人手中的账本信息发生更改，所有人的账本信息都会同步修改。

采用区块链技术的分布式账本体系，不仅能够避免出现重复支付的情况，而且可以让支付过程摆脱中心化的平台，让交易变得更加便捷和安全。例如，招商银行的一链通区块链平台可用于资金结算场景，基于区块链的统一可信台账，实现准实时对账与结算，能够有效解决以下场景痛点。

(1) 账款周期长：企业应收账款周期长，现金流紧张，经营压力大。

(2) "二清"问题：中国人民银行严禁"资金二清"和"信息二清"行为，企业长远发展需要合规经营。

(3) 人力成本：企业需要投入较多人力在资金结算的对账、转账、多方确认等环节，成本高且容易出错。

一链通区块链平台资金结算方案的特点如下。

(1) 统一视图账本：各方对账都是基于同一套区块链账本。

(2) 银行合规清分：银行具有清分资质，辅助平台合法合规地经营。

(3) 准实时结算：区块链上的数据基于共识机制实现准实时同步，合约逻辑可自动执行，从而实现准实时的逐笔结算。

如图 1-4 所示为一链通区块链平台的资金结算方案架构。该方案不仅便于进行资金管理和统筹，而且还可以实现资金结算的智能化和合规化，为用户提供基于区块链的"交易即结算"服务。

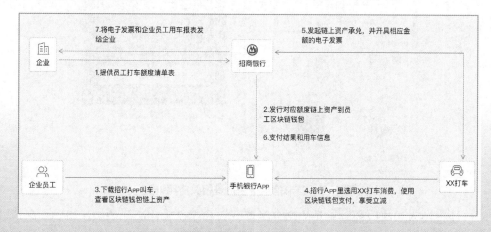

图 1-4　一链通区块链平台的资金结算方案架构

上面这个区块链方案架构以企业发放给员工的"车补"作为切入点，将 B 端(business，指企业或商家)的服务延伸到 C 端(consumer，指个人消费者)。企业在线上平台上可以通过区块链智能合约技术，更加可信、高效、便捷地向员工发放"福利券"。员工可以直接在招商银行 App 内使用这些"福利券"，同时产生的电子发票自动由商家提供给企业，极大地缩短了报销流程。另外，这种"链上福利"的发放和使用成本也远低于货币，而且更容易实现风控，有效地提升了资金结算的效率。

003　区块链如何解决信任危机问题

如今，我们正处于一个高度中心化的社会。我们通过银行来集中管理手中的钱，通过第三方网购平台来进行网上交易，通过 P2P(peer to peer lending，又称点对点网络借款)平台来筹集资金。这些中心化的平台成了我们做很多事的信任背书，但这其中的信任关系是非常脆弱的。

例如，蚂蚁金服旗下的芝麻信用是一个独立的第三方征信机构，其本质就是一种中心化的信任机制。芝麻信用采用云计算、机器学习等技术，将个人的信用状况比较客观地呈现出来，可以用于信用卡、消费金融、融资租赁和公共事业服务等场景，如图 1-5 所示。

图 1-5　芝麻信用平台及其相关应用场景

区块链技术却可以建立真正的信任关系，打破了这种中心化的信任机制。区块链是分布式数据存储、点对点传输、共识机制、加密算法等计算机技术在互联网时代的创新应用，其本质就是一个人人参与的、多中心的信任体系。

区块链技术不同于中心化的第三方征信机构，而是借助算法证明机制来保证信任度，具有成本低、执行效率高的优势，能够构建一种智能化的信任机制。例如，美图公司基于 AI 技术打造的美图智能通行证(meitu intelligent passport，MIP)，就是通过在区块链上用人脸特征作为通证密钥，为用户提供去中心化的用户身份认证服务，如图 1-6 所示。

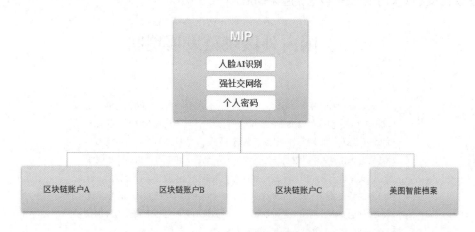

图 1-6　美图智能通行证

在现实社会中进行交易时，公信力是一个非常重要的元素，而区块链技术则很好地满足了公信力的需求，其主要特点如图 1-7 所示。

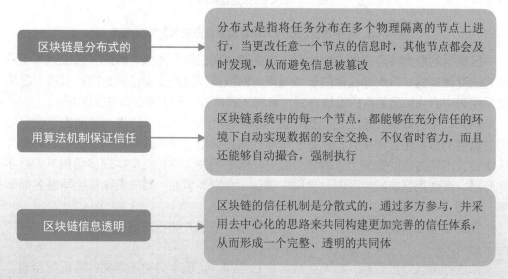

图 1-7　区块链公信力的 3 大特点

004　区块链到底是什么

区块链是实现价值转移的一种底层应用技术,其本质是一种分布式数据库,也可以说是一个可共享且不易被更改的分布式账本。工信部发布的《中国区块链技术和应用发展白皮书》对于区块链概念的解释如图 1-8 所示。

> ## 二、国内外区块链发展现状
>
> ### 2.1 区块链发展演进路径
>
> 　　区块链技术起源于化名为"中本聪"(Satoshi Nakamoto)的学者在 2008年发表的奠基性论文《比特币:一种点对点电子现金系统》。狭义来讲,区块链是一种按照时间顺序将数据区块以顺序相连的方式组合成的一种链式数据结构,并以密码学方式保证的不可篡改和不可伪造的分布式账本。广义来讲,区块链技术是利用块链式数据结构来验证与存储数据、利用分布式节点共识算法来生成和更新数据、利用密码学的方式保证数据传输和访问的安全、利用由自动化脚本代码组成的智能合约来编程和操作数据的一种全新的分布式基础架构与计算范式。
>
> 　　目前,区块链技术被很多大型机构称为是彻底改变业务乃至机构运作方式的重大突破性技术。同时,就像云计算、大数据、物联网等新一代信息技术一样,区块链技术并不是单一信息技术,而是依托于现有技术,加以独创性的组合及创新,从而实现以前未实现的功能。

图 1-8　《中国区块链技术和应用发展白皮书》部分内容

　　区块链的最大特点就是安全性高,这主要体现在两个方面:首先,区块链采用分布式的存储架构,其内部包含的节点越多,则数据存储的安全性就越高;其次,区块链采用去中心化和防篡改的设计方式,普通人很难按规则去修改其中的数据。

　　例如,由蚂蚁集团推出的"蚂蚁链-区块链合同"产品,就是一种高度可信、易用、智能的数字化合同服务,它基于可靠的实名认证、权威数字证书、可信时间戳等区块链技术,为合同安装上"智慧大脑",帮助相关企业和机构实现多场景下的数字化升级。在使用区块链合同时,当用户确认了合同类型后,首先要选择手写签名或印章,如图 1-9 所示。

　　完成手写签名或盖章后,单击"提交签署"按钮并输入短信验证码,如图 1-10 所示。

　　单击"确认"按钮后,即可生成区块链合同,页面中会显示相关的存证哈希值,如图 1-11 所示。单击"查看合同"按钮,即可查看区块链合同的具体内容,如

图 1-12 所示。

图 1-9 手写签名

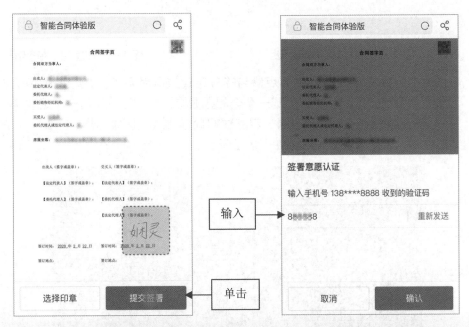

图 1-10 单击"提交签署"按钮并输入短信验证码

　　这种区块链合同可以应用于租赁合同、金融合同、采购合同以及人事合同等场景，不仅可以省心省力地完成一体化合同签署工作，而且还可以做到可追溯的全流程自动存证，可大幅缩短合同签署消耗的时间和降低合同管理的成本。

　　当然，智能合同只是区块链应用的一个缩影，区块链这种去中心化的数据库方式很好地解决了信任背书和价值转移的问题，已经被广泛应用于各行各业中。

图1-11 生成区块链合同　　　　图1-12 查看区块链合同

总而言之,区块链是一个由节点参与的分布式数据库系统,在数据的传输过程中,这些数据会被打包到一起,形成一个个的数据块,也称区块,每一个区块都包含上一个区块的哈希值(Hash)。按照一定的数据顺序将这些区块链接在一起,形成一个链式的网络,就是区块链,如图1-13所示。

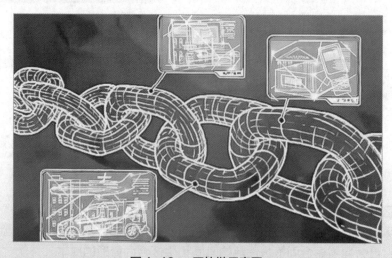

图1-13　区块链示意图

专家提醒

如果从分布式账本的概念来解释，可以将账本的每一个页面看成是一个区块，这些页面(区块)写满了账目信息(数据)，同时每一个页面(区块)首尾相接，形成了一种链状结构。也就是说，区块链是一种由区块和链构成的网络结构。

005 区块链和比特币是什么关系

比特币可以说是一种广受争议的东西，但如果说"区块链的第一个成功应用就是比特币"，相信没有人会反驳。早在 2008 年 11 月，就有一个化名为中本聪的人在网上发表了一篇有关比特币的论文，相关内容如图 1-14 所示。

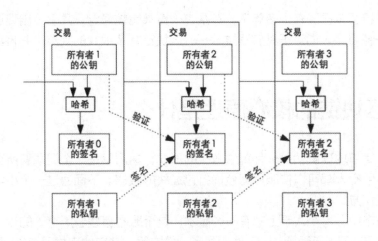

图 1-14　中本聪发布的有关比特币的论文翻译节选

中本聪首次提出比特币后，一下子就吸引了众人的目光。2009 年 1 月 3 日，比特币算法客户端被正式推出，同时产生了第一个区块，其奖励为 50 个比特币，因此这一天也被称为比特币的诞生日。

随着比特币的发展，人们通过研究发现其中的算法机制非常独特。比特币即使离开了创始人，也能够非常稳定地运行下去，因此人们就把比特币的底层机制提取出来单独进行研究，也就形成了如今的区块链技术。

作为比特币的底层技术，区块链可以说是一种分布式的数据存储方式，也可以看作是一个公共账本，用于存储加密数字货币的交易记录。也就是说，区块链是伴随着比特币而诞生的，但两者还是存在本质区别的，如图1-15所示。

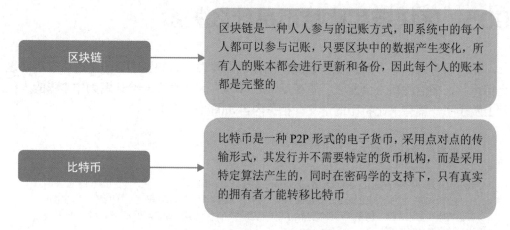

图1-15　区块链和比特币的区别

比特币运行至今已经有十多年了，其系统一直都比较稳定，几乎没出现过问题。正是基于这一特点，人们对于其底层技术——区块链有了很大的兴趣，并将其应用到许多领域。

006　区块链的核心原理是什么

区块链，简单地理解就是一种算法链接的形式，本质就是一个记录着所有交易过程的大账本，所有人都可以按照序列查询打包成块的数据。下面通过一个小案例来讲解区块链的工作方式。

在一个城市中，每个人手上都有一个账本，这个账本管理着所有人的钱，大家共同维护这个账本。某一天，A从B处购买了一件衣服，并向他支付了100元钱，然后将这件事情通过网络通知了持有账本的所有人。

当B收到A支付的100元钱后，也通过网络通知了持有账本的所有人。于是，大家都将这笔账记录到自己的账本中。

当然，要了解区块链的核心原理，大家还需要先弄懂一些相关的概念，包括区块、对等式网络、哈希算法、公钥和私钥、时间戳、Merkle树结构等。

1. 区块

在区块链系统中，区块(block)主要用来存储数据，将数字货币永久地记录在网络上。每当在区块链系统中增加新的区块时，系统都会自动将其记录到末端，同时一旦完成记录就很难修改或删除。区块的结构如表 1-1 所示。

表 1-1 区块的结构

大　小	字　段	描　述
4 字节	区块大小	用字节表示的该字段之后的区块大小
80 字节	区块头	组成区块头的几个字段
1~9(可变整数)	交易计数器	交易的数量
可变的	交易	记录在区块里的交易信息

另外，在区块链系统中，由 3 组区块元数据组成了区块头，其中存储着区块的头信息。

- 第一组区块元数据：即上一个区块的哈希值(PreHash)，其主要功能是与区块链中的前一区块相连接。
- 第二组区块元数据：即本区块体的哈希值(Hash)，主要与"挖矿"竞争相关，包括难度、时间戳和 Nonce(随机数)等元素。
- 第三组区块元数据：即 Merkle 树根，可以理解为描述区块中所有交易的数据。

在区块链系统中，第一个产生的区块称为"创世区块"，它是区块链中所有区块的"共同祖先"。同时，将当前区块的上一个区块称为"父区块"，而将下一个区块称为"子区块"。区块头的结构如表 1-2 所示。

表 1-2 区块头的结构

大　小	字　段	描　述
4 字节	版本	版本号，用于跟踪软件/协议的更新
32 字节	父区块哈希值	引用区块链中父区块的哈希值
32 字节	Merkle 根	该区块中交易的 Merkle 树根的哈希值
4 字节	时间戳	该区块产生的近似时间(精确到秒的 Unix 时间戳)
4 字节	难度目标	该区块工作量证明算法的难度目标
4 字节	Nonce	用于工作量证明算法的计数器

区块链就是由包含区块头和交易记录的多个区块共同组成的，如图 1-16 所示。每形成一个新的区块，系统都会将其接到上一个区块的后面，从而构成一条由区块组成的长链。

图 1-16 区块链由多个区块组成

在区块中,每条交易记录都包括输出和输入两部分信息,如图 1-17 所示。以加密数字货币转账为例,输出是指给谁转出多少钱,输入则是指由谁转入的这笔钱。区块链会记录所有的历史交易记录,但并不会存储每个节点的余额。

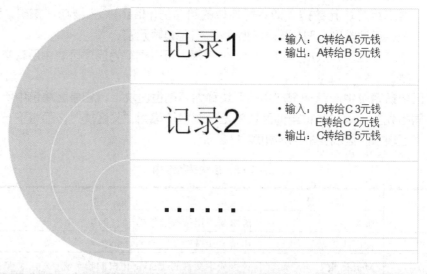

图 1-17 交易记录信息的组成

例如,A 想给 B 转入 5 元钱时,则他必须在交易记录的输入中调用曾经的一条交易记录,如 C 在两小时前曾向 A 转入了 5 元钱,以此来证明 A 的账户中有 5 元钱。当 A 写好自己的交易记录后,会与当下全网所有的交易记录打包成一个新的区块,同时打包者会验证这些交易记录的真实性。

例如,打包者会查询区块链中的全部交易记录信息,看看 C 是否向 A 转入了 5

元钱，且 A 还没有将这 5 元钱用掉。当打包者验证该条交易记录成功后，会同时将新打包的区块广播到全网，同时在全部节点上将新区块接入到区块链的末端，以保证全网所有数据的一致性。

> **专家提醒**
>
> 在这个过程中，有一个打包者的角色，需要完成校验交易记录和打包广播区块等一系列工作。在比特币系统中，打包者被称为"矿工"，他们完成工作后可以获得比特币的奖励。

2. 对等式网络

对等式网络也称为点对点网络，即 P2P(peer-to-peer)，是一种没有中心服务器的互联网体系，其信息的交换主要依靠用户群(peers)，同时网络上的所有节点地位平等。如图 1-18 所示为对等式网络的两种常见结构。

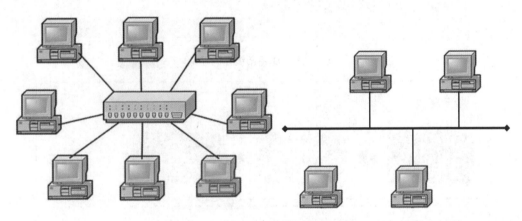

图 1-18　对等式网络的两种常见结构

在对等式网络中，每个客户端不仅是一个节点，还是一个服务器，所有节点都必须通过用户群进行信息的交流。对等式网络的主要优势在于安装和维护成本低，而且并发处理能力较强，能够极大地提升其性能。对等式网络的主要不足之处在于架设比较麻烦，管理比较困难。

3. 哈希算法

区块链的基础是密码学，而密码学中的哈希算法又被广泛运用到区块链中。例如，比特币钱包的地址就是一串哈希数值，如图 1-19 所示。另外，比特币"挖矿"采用的计算方式就是哈希算法。

在区块链交易中，哈希算法是一种单向密码机制，采用不可逆的形式将任意长度的二进制值(明文)转化为一段长度较短且位数固定的散列数据(杂凑字符串)，用于保证信息不被篡改。如图 1-20 所示为哈希算法与加密(encrypt)的区别。

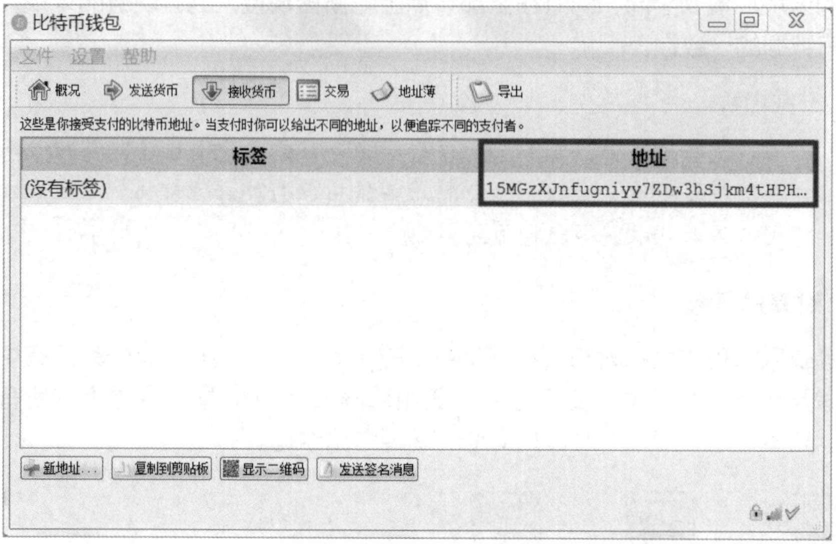

图 1-19　比特币钱包的地址

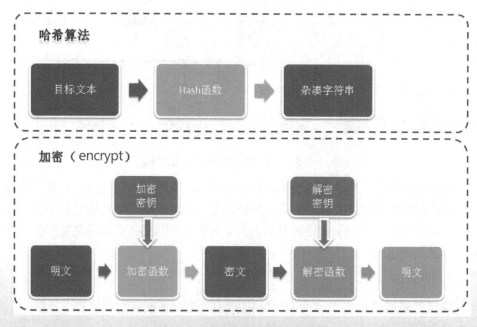

图 1-20　哈希算法与加密的区别

在区块链中运用哈希算法，能够将一个数据转换为一个标志，从而精准地标识出一个区块，而且还很难找到逆向规律。如图 1-21 所示为区块链中的哈希算法。

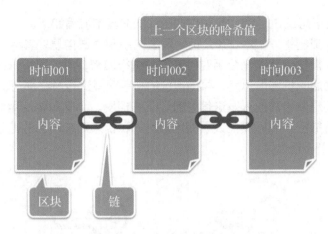

图 1-21　区块链中的哈希算法

4. 公钥和私钥

公钥(publickey，公开密钥)和私钥(privatekey，私有密钥)是一种非对称加密算法，它与对称加密算法的区别如图 1-22 所示。

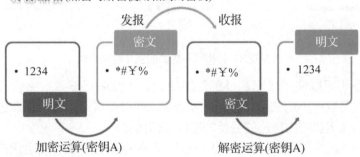

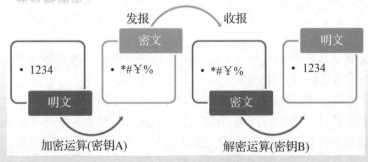

图 1-22　非对称加密算法与对称加密算法的区别

在交换机密信息的过程中,非对称加密算法的基本流程如下。
- 小明生成密钥 A 并公开公钥,需要向小明发送信息的其他人,如小王、小红等,需要使用这个公钥对机密信息进行加密,然后再发送给小明。小明收到加密后的机密信息后,再用自己的私钥对其进行解密即可。
- 当小明想要给其他人发送信息时则正好相反,小明需要使用他们的公钥对数据进行加密,然后其他人再使用自己的私钥来对加密后的信息进行解密,如图 1-23 所示。

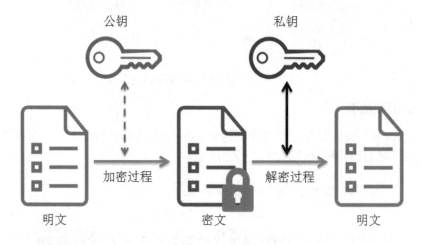

图 1-23　公钥和私钥的加密与解密方式

另外,小明可以使用自己的私钥对加密后的信息进行签名,然后再发送给其他人。其他人则可以用小明的公钥,对他发送回来的数据进行验签。在此过程中,小明只能用自己的私钥解密由自己的公钥加密的任何信息。

在区块链系统中采用公钥和私钥的方式,不仅保密性更高,而且用户还无须交换密钥。但这种非对称加密算法的缺陷也比较明显,那就是算法非常复杂,加密与解密的速度要比对称加密算法稍慢一些。

5. 时间戳

在一个区块链系统中,从某一个区块形成的那一刻起,时间戳就存在于区块中,从而保证每个区块按顺序依次相连,如图 1-24 所示。

以比特币为例,平均每 10 分钟左右即可形成一个新区块,同时给这个区块盖上时间戳,然后广播并发送给全网所有的节点。因此,网络中的所有节点都会备份这个区块的全部信息,也就包括了时间戳,这样就产生了一个分布式时间戳,也就是区块链,如图 1-25 所示。

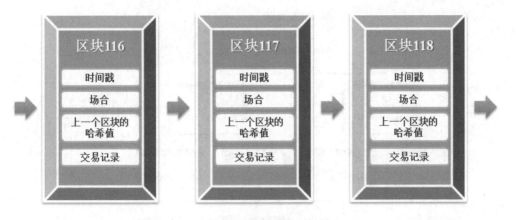

图 1-24　区块链中的时间戳

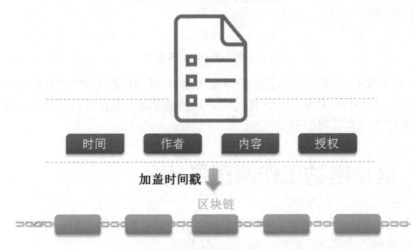

图 1-25　分布式时间戳

通过在区块中加盖时间戳，能够按时间的指数倍增加更改记录的难度，而且时间越久的记录越难更改。因此，随着区块链运行时间的不断增加，其篡改难度会越来越高，这其中就有时间戳的功劳。

6. Merkle 树结构

Merkle 树也称为哈希树，是一种二叉树的结构形式，由一个根节点、一组中间节点和一组叶子节点组成，如图 1-26 所示。

在区块链系统中，Merkle 树结构主要用来存放全部叶子节点的值，同时在此基础上形成一个统一的哈希值。因此，只要改变区块中的某个数据，Merkle 树结构就会受影响。

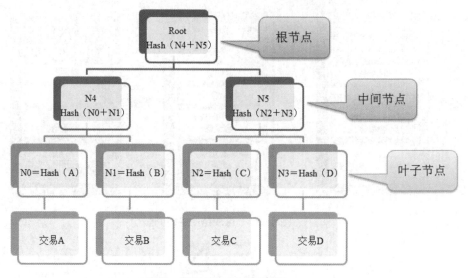

图 1-26 Merkle 树结构

　　Merkle 树结构的主要优势在于能够极大地减少区块链系统中的数据计算量，用户只需要验证 Merkle 树结构中产生的统一哈希值即可，从而实现简单的支付验证，并且可以低成本地实现可扩展支付池。

007　区块链的工作原理是什么

　　区块链的目的是构建一套可信任的价值传递体系，那么其工作原理是什么呢？下面通过一个案例和图解进行说明，如图 1-27 所示。

图 1-27　区块链的工作原理

　　A 和 B 进行一次交易，A 首先发起一个交易请求(生成一个新的区块)，然后通过

P2P 网络告知网络中的所有人。当所有人都验证同意后,这个新区块即可被添加到区块链上(写入账本)。同时,所有人都可以在区块链(分布式账本)上查询到全部的交易记录。

当然,如果有人想要篡改区块链中的某一个记录,需要攻破整个区块链系统中超过 51%的节点才能实现,这种高难度的事情几乎无人可以做到。

008　区块链有哪些重要的发展阶段

区块链是一种去中心化的全新经济组织模式,由一系列技术来实现,能够解决金融、公益、能源、政务等诸多行业的痛点和难点。根据区块链的历史和发展趋势,可以将其发展过程分为以下 5 个阶段。

1. 2007—2009 年:研发阶段

在此阶段,很多人开始探索用各种技术去创造一种新的货币,其中最成功的就是比特币,如图 1-28 所示。比特币运用的主要技术包括 P2P 分布式网络、哈希算法、非对称加密、工作量证明等。

图 1-28　比特币

在技术研发阶段,比特币的参与者并不多,因此区块链也没有真正走上商业化道路,此时仍以技术积累和实验为主。

2. 2010—2012 年:极客阶段

2010 年 3 月,第一个数字资产交易所正式上线,虽然此时的交易所稳定性非常差,但仍然吸引了一些"极客"投入其中。这些"极客"对于比特币这种新兴的计算机和网络技术产生了狂热的兴趣,同时投入了大量的时间进行钻研。

2010 年 5 月 22 日，美国佛罗里达州的一名程序员用 10000 个比特币购买了两个比萨，人们甚至将 5 月 22 日这一天定为“比特币比萨日”，如图 1–29 所示。

图 1–29　比特币比萨日

3. 2013—2015 年：蓄势阶段

在此阶段，人们开始逐渐接受和投入比特币与区块链市场。2013 年 4 月 16 日，Mt.mox 平台的比特币成交创下“天量”，高达 61 万美元。同年 8 月 19 日，德国政府正式承认比特币的合法“货币”地位；10 月 14 日，百度加速乐宣布开通比特币支付；11 月 18 日，比特币中国获得 500 万美元的 A 轮融资。

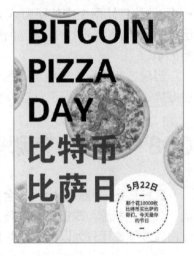

值得注意的是，比特币在国内的发展并不尽如人意。2013 年 12 月 5 日，中国人民银行、工业和信息化部、中国银行业监督管理委员会、中国证券监督管理委员会、中国保险监督管理委员会等部门联合印发了《关于防范比特币风险的通知》，其中明确表明了比特币为“网络虚拟商品”，而不是货币，如图 1–30 所示。

一、正确认识比特币的属性

比特币具有没有集中发行方、总量有限、使用不受地域限制和匿名性等四个主要特点。虽然比特币被称为“货币”，但由于其不是由货币当局发行，不具有法偿性与强制性等货币属性，并不是真正意义上的货币。从性质上看，比特币应当是一种特定的虚拟商品，不具有与货币等同的法律地位，不能且不应作为货币在市场上流通使用。

二、各金融机构和支付机构不得开展与比特币相关的业务

现阶段，各金融机构和支付机构不得以比特币为产品或服务定价，不得买卖或作为中央对手买卖比特币，不得承保与比特币相关的保险业务或将比特币纳入保险责任范围，不得直接或间接为客户提供其他与比特币相关的服务，包括：为客户提供比特币登记、交易、清算、结算等服务；接受比特币或以比特币作为支付结算工具；开展比特币与人民币及外币的兑换服务；开展比特币的储存、托管、抵押等业务；发行与比特币相关的金融产品；将比特币作为信托、基金等投资的投资标的等。

图 1–30　《关于防范比特币风险的通知》文件的部分内容

4. 2016—2018 年：升温阶段

尽管比特币在国内受到监管而变得不温不火，但在国际市场却得到了快速发展，成为全球最令人瞩目的加密数字货币之一。与此同时，比特币的价格也从 2017 年年初的 1200 美元，一路暴涨，到年底高达 19843 美元，这一年整整涨了 15 倍。

但随着比特币频频被盗、央视多次报道比特币投资风险，浮躁的比特币市场也逐渐冷静下来，人们开始将目光转移到对技术及其应用方向的探索上，越来越多的人开始进入区块链行业。

2018 年 4 月，在中国澳门地区举行了以"技术重构世界"为主题的第一届世界区块链大会，同时还邀请了很多明星参与，如图 1-31 所示。期间，很多行业大咖和顶级技术"极客"在大会上分享了各种行业干货以及新潮的区块链思维，共同探讨了区块链的最新成果。

图 1-31　第一届世界区块链大会

5. 2019—2021 年：应用阶段

在此阶段中，加密数字货币市场开始回归理性，同时区块链技术也被广泛地应用到各个场景中，如数字货币、金融资产交易结算、数字政务、存证防伪、数据服务等。

从 2019 年开始，中国人民银行陆续在国内各大城市启动数字人民币(Digital RMB)的试点测试工作。数字人民币是有国家信用背书、有法偿能力的法定货币。如图 1-32 所示为数字人民币"硬钱包"，其大小与银行卡差不多。

2019 年 10 月，工业和信息化部下属的中国信通院发布了《区块链白皮书(2019 年)》，其内容涵盖发展趋势、发展状况、技术热点、行业应用、监管问题、政策建议等多个方面，如图 1-33 所示。

区块链成为第四次工业革命的关键技术，带来了新的发展理念，通过应用这种技术能够打通数据孤岛，通过传递信任来创造效益。在不知不觉间，区块链如今已成为全球技术发展的一个前沿阵地，各国都在争相探索其应用价值。

图1-32 数字人民币"硬钱包"

图1-33 《区块链白皮书(2019年)》部分内容

009 区块链技术的发展历程是怎样的

前面介绍了区块链的发展阶段，下面再对其进行进一步的概括，看看区块链技术有哪些发展历程。从区块链科学研究所创始人——梅兰妮·斯万的观点来看，可以将区块链技术分为区块链1.0、区块链2.0和区块链3.0这3个时代，从这个历程中能够更好地看清区块链的发展现状和未来趋势，如图 1-34 所示。

图 1-34　区块链技术的发展历程

1. 区块链 1.0 时代

在区块链 1.0 时代，关键词是"虚拟货币"，区块链技术将带来更多的加密数字货币创新，同时将被大规模应用在货币的转移、兑换和支付等方面。如图 1-35 所示为区块链 1.0 时代的基本特征。

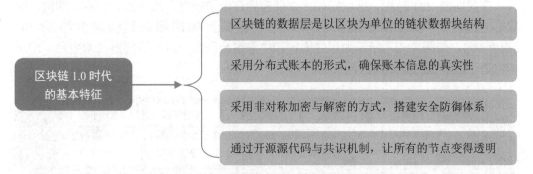

图 1-35　区块链 1.0 时代的基本特征

区块链 1.0 时代出现了大量的虚拟货币，如莱特币、狗币、瑞波币、未来币及点点币等。在互联网上，这些虚拟货币极大地方便了人们分配和交易各种资源。

如图 1-36 所示为莱特币(Litecoin，LTC)，它是一种基于"点对点"技术的网络虚拟货币。

莱特币是基于比特币协议产生的，不同之处在于其"挖矿"效率更高。莱特币与比特币的主要区别如下。

(1) 更快的交易确认速度。在莱特币网络中，每 2.5 分钟即可处理一个区块，而比特币需要 10 分钟。

(2) 发行虚拟货币量更高。莱特币网络的预估发行虚拟货币量为 8400 万个，这个数据是比特币的 4 倍多。

图 1-36 莱特币

（3）挖掘更容易。莱特币采用了 Scrypt 加密算法，即使是普通的计算机也能轻松"挖矿"，而且极大地提高了交易安全性。

2. 区块链 2.0 时代

在区块链 2.0 时代，区块链技术主要应用在金融领域，如股票、债券、期货、贷款、按揭、产权以及智能资产等领域，最典型的应用就是智能合约（smart contract）。如图 1-37 所示为民生银行和中信银行联合开发的联盟链技术平台，用于构建基于区块链的贸易金融系统。

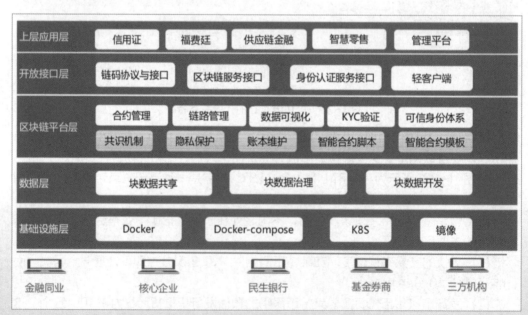

图 1-37 联盟链技术平台

专家提醒

KYC(know your customer，了解你的客户)验证是一种实名认证机制。docker 是一个开源的应用容器引擎；docker-compose 则是一种多容器应用程序的工具；K8S 全称为 kubernetes，是一个为容器服务而生的可移植容器的编排管理工具。

区块链 2.0 时代最明显的特征是以虚拟货币为基础，融入智能合约等形式的见证协议，用区块链技术实现真正的可编程金融体系，从而优化更多的金融领域的实务和流程。

区块链 2.0 时代最典型的标志就是以太坊的出现，这是一个开源的区块链底层系统，它由所有的参与者共同维护，能够实现各种区块链应用的开发，如图 1-38 所示。其中，智能合约就是以太坊最明显的特征，通过区块链技术为智能合约提供可信执行环境，进而扩展其应用范围。

图 1-38 以太坊平台

如今，以太坊平台上已经有成千上万的开发者，他们通过这个平台构建和发明新的应用程序，并且有大量应用程序已经开始落地使用，如加密货币钱包、金融应用程序、去中心化市场、游戏等。

可以这么说，以太坊为人们提供了一个区块链技术的开发平台，大家都可以在其中编写资产代码来创建新的区块链资产，以及编写智能合约代码来创建其他非区块链资产的应用功能。

目前，智能合约的应用仍处于初级阶段，但随着区块链技术的成熟，未来人们拥有的各种资产都可以通过数据的形式进入区块链,并以合约的形式呈现出来。只要设立了一个智能合约,一旦触发相关条件即可在区块链程序中自动执行,而且过程公开透明,值得信任。

例如,在区块链的真实且不可篡改的特点下,蚂蚁链通过将全流程的租赁业务加入区块链,更好地解决了出租平台中的不信任问题,实现了租赁资产化,如图 1-39 所示。运用蚂蚁链技术,当用户在租赁平台上下单后,租金会通过区块链上的智能合约分给银行、供货商和租赁平台,从而解决小微企业垫资难题,原来的重资产就变轻了,这对租赁行业来说是一种质变。

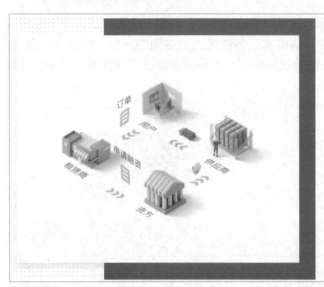

图 1-39 蚂蚁链租赁平台

1) 租赁商家面临的 3 大难题
- 融资较困难:融资贷款额度小,利息高。
- 拿货价格贵:供应链末端的企业和客户拿货价格偏高。
- 投资风险高:如用户不还租金或物品等。

2) 蚂蚁链租赁平台解决方案
- 证明租赁业务交易真实性。
- 交易订单融资标准化。
- 租赁订单链上保险,坏账控制体系化。

3) 蚂蚁链租赁平台的能力

蚂蚁链租赁平台提供标准的 API(application programming interface,应用程序接口),3 天时间即可完成接入。

3. 区块链 3.0 时代

在区块链 3.0 时代，区块链的应用不再局限于货币和金融范围，而是延伸到人们的社会生活当中，为各行各业提供去中心化的解决方案，如图 1-40 所示。

图 1-40　区块链的应用深入到各行各业

区块链技术能够让原本孤立的价值产生链接，对此蚂蚁链平台提出了自己的畅想："当数亿商品被链接，遍布全球的行走轨迹都安心可查(商品溯源)；当一笔一画被链接，匠心神韵再也无惧侵权(数字版权)；当人与人被链接，隔着手机屏幕也能感受到人性的善良(善款追溯)；当企业与企业被链接，上千张订单和数万个零件也能释放巨大价值(供应链金融)；当国与国被链接，一宗远在天边的贸易，也可以跨越山海即刻起程(数字物流)。"

总之，区块链解决了人们交流或交易过程中的信任问题，大家不再需要依靠第三方来获取和建立信任，可以极大地提升人们的办事效率，重塑人们生活的方方面面。

010　中本聪到底是何方神圣

中本聪可以说是区块链领域中的一个神奇人物，他不仅是比特币的创造者，而且还是区块链核心理论的发明者。在比特币诞生初期，中本聪甚至还在网络上匿名指导比特币的发展。

中本聪之所以非常神秘，在于没有人知道他究竟是谁，甚至有人提出授予中本聪诺贝尔奖，也没能让中本聪现身。时至今日，世界上没有人能够找出中本聪的真身，这也让中本聪的身份之谜，成为除比特币的价格波动以及新的区块链技术之外，最让大家关心的话题。

中本聪(Dorian S. Nakamoto)自称是日裔美国人，出生在日本，毕业于美国加州州立理工大学。2008 年 11 月 1 日，中本聪在网上发表了一篇论文，题为《比特币：一种点对点式的电子现金系统》。

2009 年 1 月 3 日，中本聪将这套理论付诸实践，开发出首个比特币算法系统——"比特币客户端 0.1 版"，并进行了首次"采矿"，同时他还获得了第一批的 50 个比特币。

2010 年 12 月 12 日，中本聪在比特币论坛上最后一次发言，他对最新版比特币客户端中的一些小问题进行了讨论，然后就再也没有在网上露过面，而且也逐渐终止了电子邮件的通信。如图 1-41 所示为中本聪的邮件原文和译文。

图 1-41 中本聪的邮件原文和译文

2015 年，加州大学洛杉矶分校金融学教授 Bhagwan Chowdhry 曾提名中本聪为 2016 年诺贝尔奖经济学奖的候选人，同时他还表示："比特币的发明简直可以说是革命性的。中本聪的贡献不仅将会彻底改变我们对金钱的思考方式，很可能会颠覆央行在货币政策方面所扮演的角色，并且将会破坏如西联这样高成本汇款的服务，彻底消除如 Visa、MasterCard、PayPal 等平台收取的 2%～4%的中间人交易税，消除费事且昂贵的公证和中介服务，事实上它将彻底改变法律合约的方式。"

从 2010 年开始中本聪就逐渐退出了大众的视线，同时还将相关的比特币项目移交给了比特币社区的其他成员。不过，中本聪名下的比特币账户至今没有变动过，也就是说，他仍然是持有比特币最多的人，被普遍认为是"比特币之父"，理论上他已经是世界首富了。

中本聪为什么选择离开，这其中的原因也许大家永远都不会知道了。2011 年 4 月 23 日，中本聪在最后一封邮件中曾提道："我已经开始做其他事了。"

要找到真正的中本聪，需要找到"创世区块"中的私钥，使其对上"创世区块"中的公钥签名即可。不过，中本聪曾在邮件中表示："我们每个人都是中本聪。"或许，在每个区块链的创业者心中，都住着一个"中本聪"，他们在不断地借区块链技术去打破桎梏，开创出更多新的应用。

011 区块链会应用于哪些行业

如今，虽然很多人对于区块链技术一知半解，但这种技术却给很多行业甚至人们的日常生活带来了极大的影响。如图 1-42 所示为阿里巴巴旗下蚂蚁链平台上的一些区块链应用场景，涉及融资租赁、政务民生、数字营销、金融、医疗健康等领域。

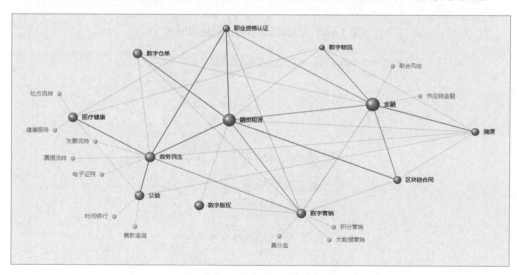

图 1-42 蚂蚁链平台的应用场景

如图 1-43 所示为腾讯区块链平台的应用场景，包括供应链金融、政务、游戏和公益等领域。

如图 1-44 所示为百度智能云区块链平台的应用场景，该区块链平台是基于 ABC 技术栈构建的，全面探索和实践区块链的商业化应用。

百度智能云的区块链引擎(Baidu Blockchain Engine)结合了云计算的多种能力，在云端将区块链平台进行系统化和产品化处理，赋能合作伙伴，助力构建多行业的可信生态。

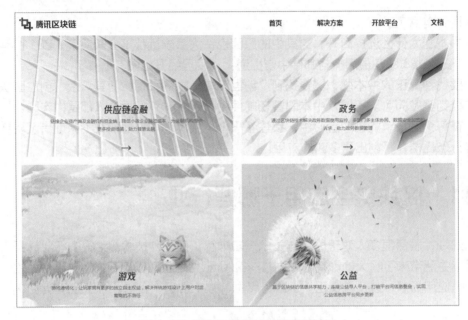

图 1-43 腾讯区块链平台的应用场景

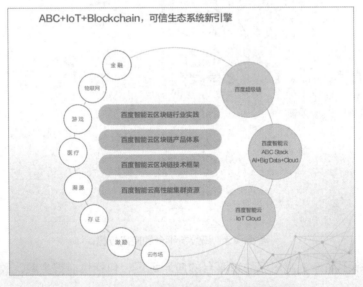

图 1-44 百度智能云区块链平台的应用场景

专家提醒

ABC 技术栈中的 A 指的是 AI(Artificial Intelligence,人工智能)技术,B 指的是 Big Data(大数据)技术,C 指的是 Cloud Computing(云计算)技术。另外,IoT(the Internet of Things)是指物联网技术。

百度通过"智能云 ABC + 区块链"技术的结合，能够为客户提供各种深入业务场景的解决方案，如图 1-45 所示。

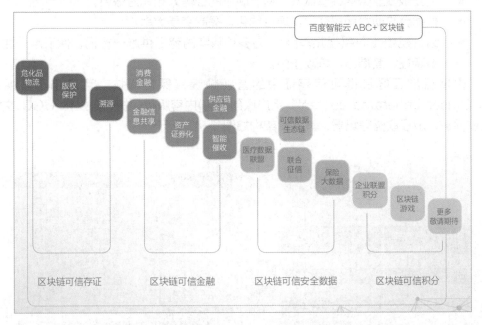

图 1-45　"百度智能云 ABC + 区块链"的解决方案类型

例如，百度智能云区块链可信存证功能，可以提供多场景下的信息存证服务，同时还可以实现全流程溯源，致力于提高信息的安全可信度，重塑社会信任机制，其应用场景如图 1-46 所示。

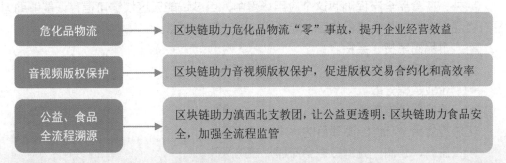

图 1-46　百度智能云区块链可信存证的应用场景

以音视频版权保护这个领域为例，该行业存在以下痛点。

- 音视频内容被频繁盗用，内容造假。
- 内容生产者与平台维权困难，缺少法律保护。

- 无法及时发现版权内容被盗用。

百度智能云区块链可信存证项目的解决方案如下。

- 建立版权业务的共享账本，提高版权的公信力和司法效力。
- 智能合约助力版权交易实现合约化，提高交易效率。
- 结合视频 DNA(视频基因)，为多种数字内容提供唯一标记，保证唯一性、稳定性、高准召、抗攻击性。

百度智能云区块链可信存证中的音视频版权保护模块，可应用于短视频 UGC(user generated content，用户原创内容)内容版权保护、自媒体 UGC 文章版权保护、版权联盟等场景，其方案架构如图 1-47 所示。

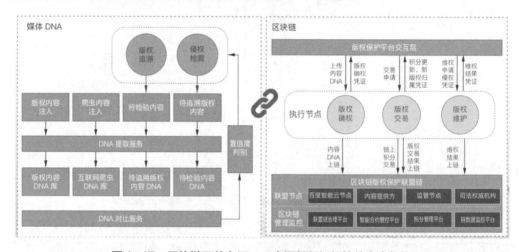

图 1-47　区块链可信存证——音视频版权保护的方案架构

另外，在食品全流程溯源这个应用场景中，百度智能云区块链可信存证能够助力提升食品安全，加强全流程监管，能够解决以下行业痛点。

- 食品易窜货、丢货。
- 消费者难鉴真伪。
- 企业数据分散。
- 政府监管难度大。

区块链食品全流程溯源项目的解决方案如下。

- 生产、仓储、分销数据全流程上链防篡改。
- 终端消费者可用手机扫码溯源。
- 整合数据，打破信息孤岛。
- 政府可以实现穿透式监管，提升效率、降低风险。

百度智能云区块链可信存证中的食品全流程溯源模块，能够为企业、政府和消费者三方都带来好处，增加消费者对食品企业的信任，提升企业效益和品牌信誉度，其方案架构如图 1-48 所示。

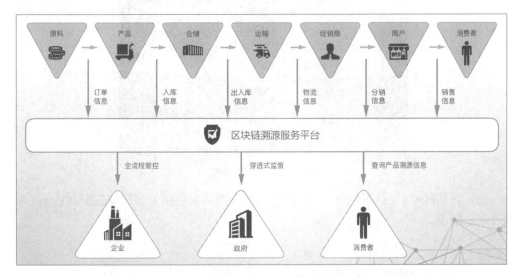

图 1-48　区块链可信存证——食品全流程溯源的方案架构

012　区块链中有哪些必知的词条

前面介绍了很多区块链的基本知识，下面再一起来回顾一下区块链中的一些必知词条，帮助大家更好地掌握区块链。

（1）区块链：也称为"公投"或"公信链"，其本质是一个去中心化的分布式账本。

（2）比特币：是区块链技术的首个落地应用，其本质是一种 P2P 形式的网络虚拟货币。

（3）中本聪：是比特币的创造者，发布了一篇描绘比特币系统框架的论文和相关的客户端程序。

（4）加密数字货币：是区块链的第一个应用场景，种类多达数千种，可用于购买虚拟产品以及真实的商品或服务，如图 1-49 所示。

（5）POW：是 proof of work 的简称，即工作量证明，俗称"挖矿"，是指系统为达到某一目标而设置的度量方法。

（6）公钥和私钥：非对称加密方式，通过某种算法产生一对密钥，即一个公钥和一个私钥，其中公钥向外界公开，私钥则自己保留。

（7）哈希值：是一个二进制值，可以简单地理解为一段数据的 DNA 或身份证，其原理是将任意长度的输入通过 Hash 算法变成固定长度的输出。

图 1-49 数字货币

(8) 区块和链：区块就是一个数据包，链是指用来链接众多区块的交易链条，如图 1-50 所示。

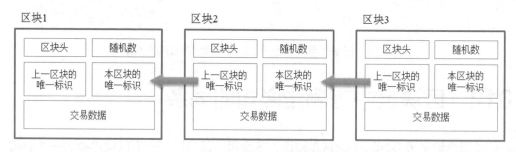

图 1-50 区块和链

(9) 智能合约：由跨领域法律学者尼克·萨博(Nick Szabo)提出，他将其定义为"一个智能合约是一套以数字形式定义的承诺(commitment)，包括合约参与方可以在上面执行这些承诺的协议"。智能合约可以理解为一种执行合约条款的计算机交易协议，也可以看成是一种传统合约的自动化处理方式。

(10) 信用共识：是一种基于算法的信用体系，并通过算法来确保该机制能够自动运行，从而在信任的环境下自动、安全地传递价值。

第 2 章

追根溯源：看懂加密数字货币

　　加密数字货币的本质是分布式网络中的一组特殊加密数据，并通过计算机加密算法来确认其归属权，同时通过区块链这种分布式公共账本来记录其中的交易数据。本章将带领大家认识加密数字货币，了解其来龙去脉。

013　比特币究竟是什么？有何特点

加密数字货币的典型应用就是比特币(Bitcoin，BTC)，因此本章将以比特币为例进行介绍。根据区块链的形成机制和连接原理，我们可以发现基于区块链底层技术开发的比特币，本质就是一种去中心化的数据库。

比特币又被称为"数字黄金"，它是在特定算法下通过大量计算产生的，通过整个 P2P 网络中众多节点构成的分布式数据库来确认并记录所有的交易行为，同时比特币的总量恒定在 2100 万个，因此具有较高的投资价值。图 2-1 所示为比特币的价格走势图。

图 2-1　比特币的价格走势图

下面来看看比特币近年来的价格走势。
- 2017 年 12 月 17 日，比特币价格达到 19850 美元的历史最高价。
- 2018 年 11 月 25 日，比特币行情大跌，跌破 4000 美元大关，随后一直在 3000 多美元的价格区间徘徊。
- 2019 年 4 月，比特币行情开始回升，并突破 5000 美元大关，创年内新高。
- 2019 年 5 月 12 日，比特币价格近 8 个月来首次突破 7000 美元大关。
- 2019 年 5 月 14 日，比特币价格突破 8000 美元大关，同时 24 小时内的上涨幅度达到了14.68%。
- 2019年6月22日，比特币价格突破10000美元大关。
- 2019年6月26日，比特币价格一举突破12000美元大关。
- 2019年6月27日早间，比特币价格再创新高，一度接近14000美元。
- 2020年2月10日，比特币价格的涨幅突破3%。
- 2020年3月12日19点44分，比特币的最低价格跌至5731美元。
- 2020年12月31日，比特币价格刷新历史新高，突破29000美元。
- 2021年，比特币价格仍在继续上涨，并且3～5月一直在60000美元的高位区间徘徊，如图2-2所示。

图2-2　比特币近一年价格走势图(2020年7—2021年7月)

从比特币的历史价格可以看到，其价格波动非常大，但正是这一特征吸引了很多投资者入场。随着比特币进入大众视野，也有越来越多的机构入场。比特币之所以受到投资者的青睐，在于其拥有加密数字货币的一些显著特点，如图2-3所示。

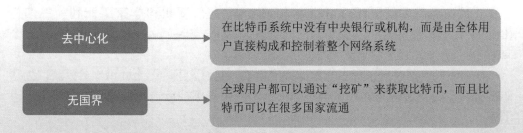

图2-3　比特币的显著特点

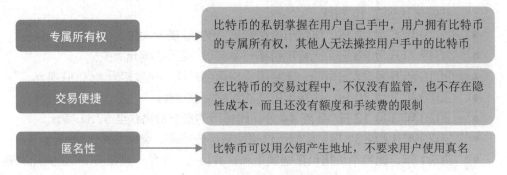

图 2-3 比特币的显著特点(续)

014　比特币有哪些关键的时间点

从概念出现的先后顺序来说，比特币出现在区块链的前面，比特币的出现有助于各国之间金融和价值的传播，对全球都造成了深远的影响。下面总结了一些比特币发展过程中的关键时间点，帮助大家更好地认识比特币。

1. 1975 年 4 月 5 日：中本聪生日

中本聪是在 P2P Foundation 网站上发布的比特币白皮书，在注册该网站时必须填写生日信息，而中本聪填写的生日信息便是 1975 年 4 月 5 日这一天。

虽然中本聪生日的真实性我们无法进行验证，但他填写的这个日期却蕴含着某种深意，因为对于美国来说，4 月 5 日这天是一个极具讽刺意味的日期。

1933 年 4 月 5 日，此时的美国正处于大萧条期间，罗斯福总统在这一天签署了第 6102 号法案并向公众宣布：公众拥有黄金是非法的，违者将面临最高 10 年的监禁，并处以 10 000 美元的罚款。同时，美联储在该法案的支持下，以较低的价格大量回收黄金并低吸高抛，从而导致美元大幅贬值。

2. 1982 年：拜占庭将军问题

"拜占庭将军问题(Byzantine failures)"是计算机科学家莱斯利·兰伯特(Leslie Lamport)提出的有关点对点网络通信中的一致性问题，他为该问题作了一个有趣的比喻，如图 2-4 所示，大意如下。

在东罗马帝国时代，拜占庭是国家的首都，此时该国的国土面积十分辽阔。为了防御外敌，每支军队的驻扎地相隔都很远，各个将军相互之间只能通过信使来传递消息。

在进行战争的时候，拜占庭军队为了取胜，规定所有的将军在执行战争命令时必须达成共识。但是，军中可能存在叛徒，他们会扰乱将军们的决定。因此，在已知有叛徒的情况下，其他忠诚的将军必须在不受叛徒或间谍的影响下达成一致的协议。

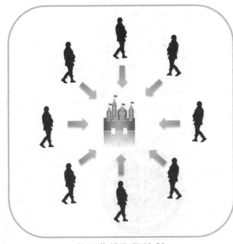
协同作战取得胜利

不协调的进攻导致失败

图 2-4 "拜占庭将军问题"的比喻图解

这个问题就是"拜占庭将军问题"，莱斯利·兰伯特通过这个形象的比喻表达了计算机网络中所存在的一致性问题。在比特币出现之前，世界上并没有一个非常完美的方法来解决"拜占庭将军问题"。

为了确保信息在交流过程中能够做到一致性和可靠性，比特币系统通过工作量证明机制、公钥和私钥、哈希算法等技术，对信息进行数字签名，从而在缺乏信任的分布式网络中让信息传输变得可信，这也使得价值在互联网上传输成为可能。

3. 1990 年：Paxos 算法的提出

莱斯利·兰伯特提出了著名的 Paxos 算法，这是一种基于消息传递且具有高度容错特性的一致性算法，让参与分布式处理的每个参与者逐步达成一致意见，能够有效地解决分布式网络中的一致性问题。

4. 1991 年：时间戳的应用

斯图尔特·哈伯(Stuart Haber)与 W.斯科特·斯托尔内塔(W.Scott Stornetta)提出用时间戳来确保数位文件安全的协议，这种方案被后来的比特币和区块链系统所采用，如图 2-5 所示。

5. 1992 年：椭圆曲线数位签章演算法的提出

斯科特·凡斯通(Scott Vanstone)等人提出了 ECDSA(Elliptic Curve Digital Signature Algorithm，椭圆曲线数位签章演算法)，该算法成了微软操作系统及办公软件的序列号验证算法，具有速度快、强度高、签名短等优点。

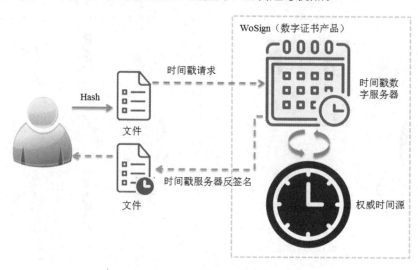

图 2-5　时间戳的应用方案

6. 1997 年：Hashcash 技术的发明

亚当·巴克(Adam Back)发明了 Hashcash(哈希现金)技术，这是一种工作量证明的演算方法。Hashcash 主要基于成本函数的不可逆特性来实现"验证容易，破解难"的目标，早期主要应用于"邮件过滤"场景，如今已经成为比特币和区块链系统中的一种关键技术。

7. 1998 年：分散式电子现金系统 B-money

著名的计算机工程师戴伟(Wei Dai)匿名发表了引入 POW 机制的分散式电子现金系统 B-money，这可以说是比特币的早期雏形，其中重点强调了点对点交易和不可篡改特性。

在中本聪发布的比特币白皮书中，第一条参考文献就是 B-money。同时，对于 B-money 戴伟还提出了自己的畅想："有效的合作需要一种交换媒介(金钱)和一种确保合同执行的方法。我描述了一种协议，通过这些协议使得不可追踪的匿名参与者可以更高效地彼此合作。我希望这个协议能够推动加密学无政府主义在理论上以及时间上向前迈进。"

8. 2005 年：可重复使用的工作量证明机制(RPOW)

2005 年，哈尔·芬尼(Hal Finney)提出 RPOW(Reusable Proofs of Work，可重复使用的工作量证明机制)，如图 2-6 所示。通过将 RPOW 与 B-money 以及 Hashcash 技术进行结合，能够创造出密码学货币。

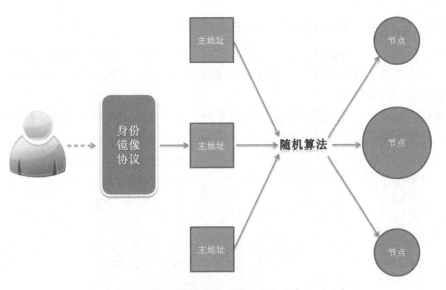

图 2-6　可重复使用的工作量证明机制(RPOW)

9. 2008 年：比特币白皮书的发布

2008 年，中本聪发表了一篇关于比特币的论文《比特币：一种点对点的电子现金系统》，前面已经进行了介绍，此处不再赘述。随后，中本聪还创建了"创世区块"，如图 2-7 所示，以及发布了比特币客户端，并进行了第一笔比特币交易。

图 2-7　创世区块

10. 2012 年：Blockchain 2.0 的升级

Blockchain 1.0 通常指的是比特币，而 Blockchain 2.0 则是指智慧资产和智慧契约。基于去中心化的区块链市场，区块链技术可应用于虚拟货币以外的领域，如股票、债券和资产管理等。

例如，蚂蚁链推出的双链通资产管理平台，具有链上自动资产管理、智能合约资产管理和资金穿透式管理等功能，如图 2-8 所示。

图 2-8 双链通资产管理平台

11. 2014 年：Blockchain 3.0 的升级

Blockchain 3.0 指的是更加复杂的智慧契约，它可以将区块链应用到更多行业，包括政务、医疗、科学、物流、营销、文化与艺术等领域。

例如，百度基于智能云区块链可信积分推出的企业联盟优惠券方案，能够助力企业间的优惠券发布流转的过程透明可控，建立信任联盟，保证多方企业对于合作的信任，提高营销推广的效果，其方案如图 2-9 所示。

12. 2016 年：OpenBazaar 的上线

2016 年，一个去中心化的全球性自由交易市场 OpenBazaar 正式上线，比特币迎来了里程碑式的发展，如图 2-10 所示。OpenBazaar 采用加密学作为仲裁担保，让点对点的数字商务成为可能，其交易方式类似于淘宝，用户可以使用比特币进行购物支付。

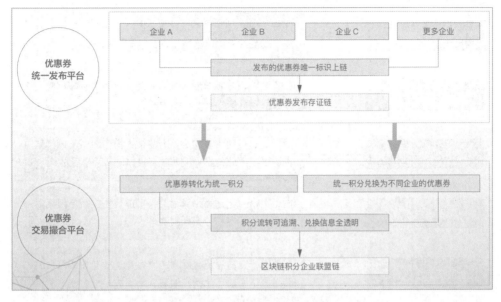

图 2-9　企业联盟优惠券方案

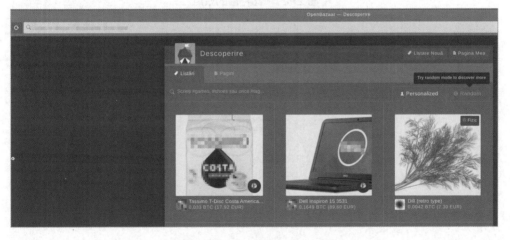

图 2-10　OpenBazaar 网站

015　比特币有哪些缺点

尽管比特币受到了很多用户的欢迎，但它也有不少缺点，具体如图 2-11 所示。

如图 2-12 所示为比特币历年来的价格走势图，从中可以看到最低点和最高点的价格涨幅达到了 600 多倍。比特币的价格受到供需关系、投机行为、市场监管和内部技术等多方面的影响，其价格的大幅波动预示着高风险。

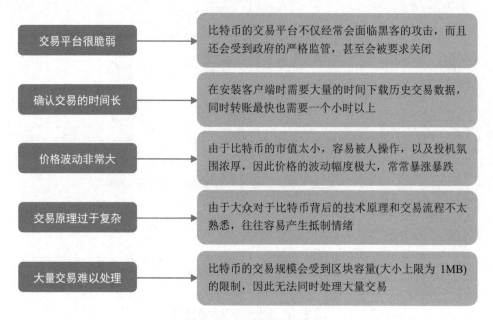

图 2-11 比特币的缺点

图 2-12 比特币历年来的价格走势图

016　比特币的工作流程是什么

在一个区块链系统中，全部节点都能够向上追溯源头，也就是整个链条中首个诞生的区块，一般被称为"创世区块"。当形成"创世区块"后，其他用户即可通过"挖矿"来产生新的区块，也就是通过哈希算法找出满足特定 SHA-256 哈希值所对应的数值解。如图 2-13 所示为比特币的基本工作流程。

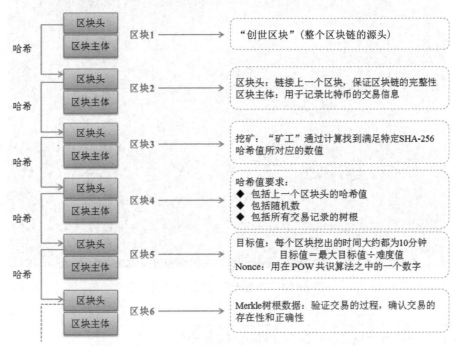

图 2-13 比特币的基本工作流程

专家提醒

比特币的计算过程采用的是 SHA-256 哈希函数。如果某个节点已经产生了一个候选区块，那么它对这个新的区块就拥有优先"挖掘"的权利，同时可以通过求解工作量证明算法，使其成为有效区块。

用户在进行"挖矿"时，如果他能够在最短的时间内算出满足要求的数值解，则系统会通过网络向所有节点进行广播，同时其他节点也会验证信息的真实性。

该信息一旦被所有节点验证为真实，那么其他节点就不会再进行计算，同时区块链系统会将该数值添加到末端，使其成为一个新的区块。如图 2-14 所示为产生新区块的计算过程截图。

图 2-14　产生新区块的计算过程截图

017　比特币怎么记账和转账

加密数字货币的本质是一种记账方式，它采用的是 POW 共识算法，所有节点通过自己的最大算力哈希碰撞计算法来争取价值最高的记账权力，从而得到比特币的奖励。用户可以使用 Tokenview 浏览器查看比特币区块的产生信息，包括区块的产生时间、地址等，如图 2-15 所示。

"最新爆块"列表中主要指标的含义如下。

(1) 播报方：相当于"矿工"，也就是说，当前区块是由这个"矿工"通过"挖矿"产生的。

(2) 时间：即时间戳，显示该区块产生的具体时间。

(3) 大小：即区块大小，也可以理解为比特币交易的数据量大小，是一个区块容纳某个时间段内数据的能力表示。

(4) 爆块奖励：也称为"报块"，即当"矿工"发现了新的区块后，获得的区块奖励。

(5) 交易笔数：表示该区块内一共打包了多少笔交易记录。

(6) 交易总额：表示该区块的交易总金额。

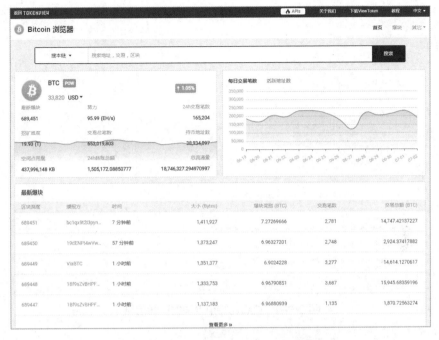

图 2-15 查看比特币区块的最新爆块信息

专家提醒

通常情况下，区块大小的数值越大，就能获得越高的块收益。由于区块链中的每个区块承载的都是某个时间段内的数据，因此区块大小的数值越大，就说明该时间段内的交易数额越大，手续费也就越高。

在"最新爆块"列表中，选择时间最近的区块，即可查看该比特币区块的时间、大小、交易费、确认数、转账总额、挖矿难度、交易数量、梅克尔树根哈希等详细信息，如图 2-16 所示。

专家提醒

Coinbase 是一个比特币和其他加密数字货币的交易平台，是美国第一家持有正规牌照的比特币交易所。

在该区块信息页面下方，还可以看到这个比特币区块的历史交易数据，包括交易哈希、转出地址、转入地址、交易费和交易总额等信息，如图 2-17 所示。

为了争夺记账权力，"矿工"在"挖矿"时需要耗费大量的电力和人力，计算机的性能越高，则"挖"到比特币的可能性就越大。在每一次的记账竞争中，用户只要争取到记账权力，即可得到该区块中新诞生的比特币奖励和相关的交易手续费。

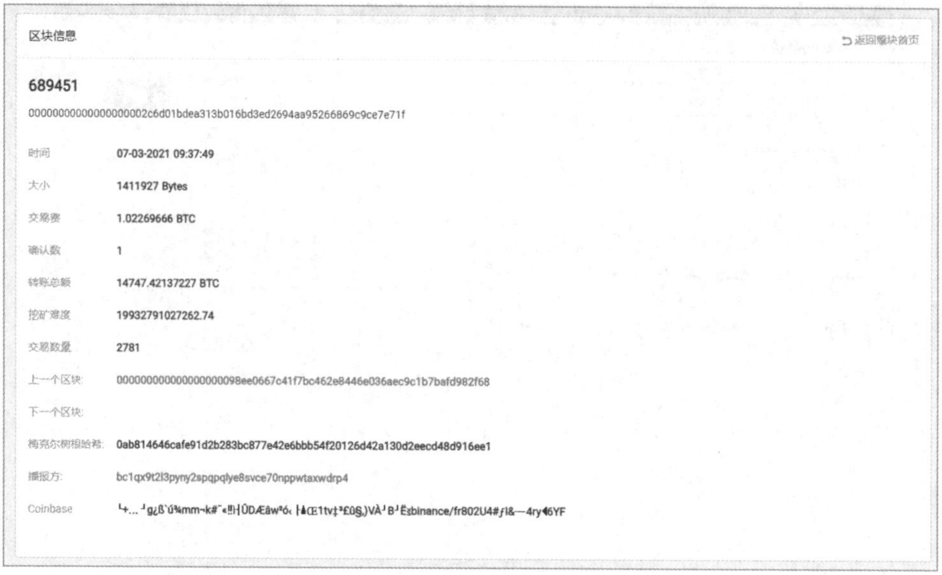

图 2-16　查看比特币区块的详细信息

图 2-17　查看比特币区块的交易信息

所谓比特币转账，就是从一个比特币钱包中，将比特币转出到另一个比特币钱包中，每笔交易都有数字签名来保证安全。用户可以通过各种比特币钱包 App 进行支付和收款。如图 2-18 所示为 imToken 数字资产钱包 App。

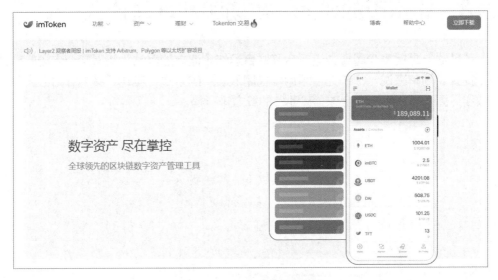

图 2-18 imToken 数字资产钱包 App

如图 2-19 所示为比特币的转账交易流程，虽然手续比较简单，但整个过程比较费时。同时，大部分的比特币交易都会产生交易费，也可以将其作为对"矿工"挖出比特币的奖励。

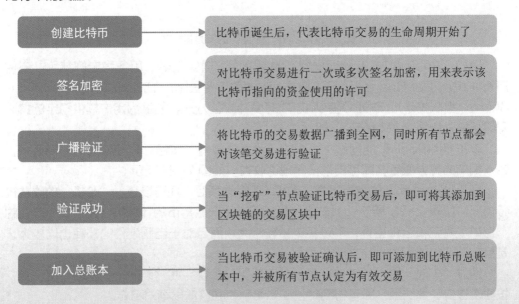

图 2-19 比特币的转账交易流程

018　比特币的矿池、矿场和地址是什么

"矿池"是指将少量算力进行合并联合运作来建立的网站，使得整个市场的算力得到提升。简单来说，"矿池"采用"抱团取暖"的方式，实现"集中算力办大事"的效果。图 2-20 所示为全球"矿池"的算力排行榜。

排名	矿池	算力强度	算力	块数量	24小时变化	3天幸运值
1	ViaBTC		12,597.83 PH/s	38	4.00%	103.14%
2	AntPool		11,509.21 PH/s	25	4.84%	73.73%
3	F2Pool		10,710.09 PH/s	34	1.47%	108.10%
4	Poolin		10,540.00 PH/s	30	-1.18%	95.55%
5	BTC.com		10,110.00 PH/s	31	0.20%	109.34%
6	Binance Pool		9,704.80 PH/s	31	6.55%	117.95%
7	Foundry USA		7,091.07 PH/s	22	4.02%	110.98%
8	SlushPool		4,858.38 PH/s	10	1.55%	69.77%
9	Rawpool		3,115.94 PH/s	9	0.95%	96.95%
10	Huobi.pool		2,377.78 PH/s	6	7.32%	91.63%

图 2-20　全球"矿池"的算力排行榜

例如，AntPool 具有管理便捷、收益透明、通知及时、服务稳定等特色，支持 PPS+(Pay Per Share+，打工模式+矿池矿工费占比)、PPLNS(Pay Per Last N Share，组队挖矿)、SOLO(单人挖矿)等多种收益方式，能够为用户提供稳定的挖矿网络环境，如图 2-21 所示。

单击 AntPool 矿池网站主页中的"收益计算器"按钮，打开相应的功能面板，输入相应的算力值后，即可自动估算理论收益，如图 2-22 所示。

在 AntPool 网站的首页下方，选择 BTC 选项后，还可以查看"矿机"的收益排行情况，如图 2-23 所示。"矿机"是指用来生产比特币的计算机，通常具有专业的"挖矿"芯片和运算工具，不过耗电量非常大，而且对于电脑硬件的损耗也比较大，是目前获取比特币的一种主流方式。

通过"矿池"进行"挖矿"时，"矿工"只需要完成"矿池"分配的计算任务，按要求提交计算结果，即可得到"挖矿"奖励，并且产出相对稳定。

"矿场"就像一个工厂，通过将大量"矿机"放在一起进行计算来"挖矿"，如图 2-24 所示。"矿工"可以选择不同的"矿场"来托管"矿机"，从而将自己的算

力接入不同的"矿池"。

图 2-21　AntPool 矿池网站

图 2-22　"收益计算器"面板

图 2-23 查看"矿机"的收益排行情况

图 2-24 比特币"矿场"

从比特币诞生开始,任何人都可以查询到全球所有的比特币交易记录,其中包括比特币的交易流水单号、发币人地址、收币人地址、发币人的找零地址等信息。同时,比特币系统还采用公钥和私钥的加密方式,来确保比特币交易的安全性。

比特币地址是一串 26 位到 34 位的字符串,其中包括字母和数字,如图 2-25 所示。比特币地址其实就相当于比特币账户,也可以理解为用户的银行卡卡号,其他用户可以通过这个地址给他转账。

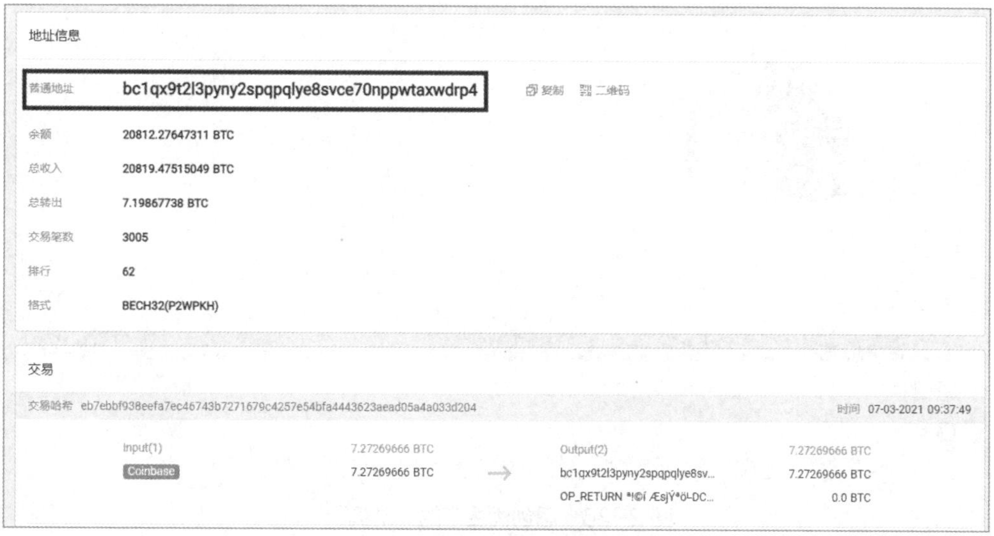

图 2-25　比特币地址

019 "挖矿"是什么意思

"挖矿"的大意是指对比特币系统中一段时间内的交易进行确认,并将其记录到区块链上,同时生成新的区块。进行"挖矿"操作的人就称为"矿工"。我们可以将区块链比喻成账本,"矿工"就是记账员,"挖矿"就是记账的过程。

要进行"挖矿"操作,需要使用一些特定的工具,如"矿机"(专用的计算设备或电脑)、比特币地址和"挖矿"软件。性能好的"矿机"可以提升"挖矿"效率,同时在选择"矿池"时也要进行多方对比。如图 2-26 所示为思创优生产的"矿机",不仅性价比高,而且算力也较为强大。

有了"矿机"和选好"矿池"后,用户就可以注册个人的"矿池"账号,然后下载"挖矿"软件。常用的"挖矿"软件有 GUIMiner、Ufasoft Coin、长沙矿工监视器、ETH 超级矿工、eth 以及 sc 等。下面以 GUIMiner"挖矿"软件为例,介绍比特币"挖矿"的操作方法。

(1) 安装 GUIMiner"挖矿"软件后,进入软件所在的文件夹,双击 guiminer.exe 程序,如图 2-27 所示。

(2) 打开 GUIMiner"挖矿"软件,选择"文件"|"新建采矿器"命令,在弹出的子菜单中选择一种"采矿器",如图 2-28 所示。

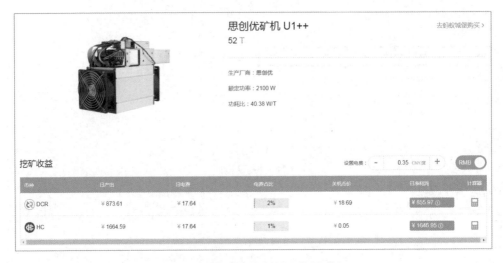

图 2-26　思创优生产的"矿机"

图 2-27　双击 guiminer.exe 程序

图 2-28　选择"新建采矿器"命令

（3）选择相应的"采矿器"后，弹出"新建采矿器"对话框，输入相应的"采矿器"名称，如图 2-29 所示。

（4）单击 OK 按钮，即可创建"采矿器"，选择"查看"|"显示概览"命令，可以查看"采矿器"的基本信息，如图 2-30 所示。使用"采矿器"可以最大化地发挥"挖矿"的效率，因此选择合适的"采矿器"非常重要。

（5）在软件的菜单栏中，选择"独自采矿"|"创建独自采矿密码"命令，如图 2-31 所示。

（6）弹出"输入密码"对话框，❶设置相应的用户名和密码；❷单击 OK 按钮，如图 2-32 所示。

图 2-29 输入相应的"采矿器"名称

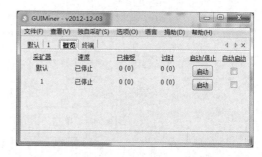

图 2-30 查看"采矿器"的基本信息

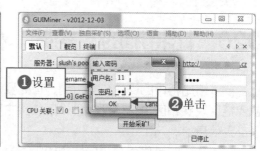

图 2-31 选择"创建独自采矿密码"命令　　图 2-32 "输入密码"对话框

（7）选择"独自采矿"|"设置 Bitcoin 客户端路径"命令，弹出"选择 Bitcoin.exe 的路径"对话框，❶设置相应的保存路径；❷单击"打开"按钮，如图 2-33 所示。

（8）返回 GUIMiner"挖矿"软件的主界面，单击相应的"采矿器"名称即可进行切换，如图 2-34 所示。

图 2-33 "选择 Bitcoin.exe 的路径"对话框　　图 2-34 单击相应的"采矿器"名称

（9）设置好服务器、设备后，单击"开始采矿"按钮，如图 2-35 所示。

（10）执行操作后，即可启动并运转"采矿器"，然后就可以开始"挖"比特币了，如图 2-36 所示。

图 2-35 单击"开始采矿"按钮   图 2-36 开始"挖矿"

020 比特币的"挖矿"机制是什么

要弄懂比特币的"挖矿"机制,首先要了解区块链的结构。区块链中的每个区块都包括区块头和区块主体两部分,区块头主要用来记录说明信息;区块主体则用来记录交易信息。

"挖矿"的过程就是对区块中的版本号、前一个区块的哈希值、梅克尔根、预设的难度值、时间戳、要寻找的随机数这 6 个字段进行一系列的转换、连接和哈希运算,不断地寻找满足条件的随机数。只要算出的数值解比预设的难度值的哈希值小,就表示"挖矿"成功了。如图 2-37 所示为比特币"挖矿"的详细过程。

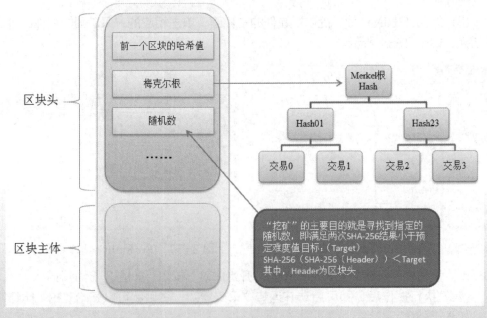

图 2-37 比特币"挖矿"的详细过程

比特币的设计机制与"黄金"类似,其储量是固定的。在比特币系统运行的前 4 年内,"矿工"每次"挖矿"成功可以获得 50 个比特币,4 年后奖励减半,为 25 个比特币,如今奖励仅有 12.5 个比特币。

在比特币中,同样运用到了区块链的运行机制,"矿工"需要将交易打包成为新的区块,并进行哈希加密计算,然后由全部节点来验证新的区块。其中,进行哈希加密计算这个步骤就是"挖矿"。但从整体上来看,"矿工"所做工作的本质就是保证了比特币区块链系统的运行。

比特币"挖矿"经历了"CPU→GPU→FPGA→ASIC→云算力"的演化过程,相关介绍如下。

(1) CPU"挖矿"时代:CPU(Central Processing Unit)一般指电脑上的中央处理器,是在电脑上"挖矿"时决定获取利润的关键因素,如图 2-38 所示。例如,使用主流的 Core i7 处理器,能够获得 33 MH/s 的哈希率。

(2) GPU"挖矿"时代:GPU(Graphics Processing Unit)一般指图形处理器,也可以称为显示核心、视觉处理器或显示芯片,可以结合 Python 或 Java 等开发技术进行比特币"挖矿",如图 2-39 所示。

图 2-38 CPU

图 2-39 GPU

(3) FPGA"挖矿"时代:FPGA(Field Programmable Gate Array)是指现场可编程逻辑门阵列,是专用集成电路中的一种半定制电路,如图 2-40 所示。使用 FPGA"挖矿"的主要缺点在于成本非常高,因此这种硬件"挖矿"的使用时间并不长。

(4) ASIC"挖矿"时代:ASIC(Application Specific Integrated Circuit)是指专用集成电路,是一种应特定用户要求和特定电子系统的需要而设计、制造的集成电路,如图 2-41 所示。ASIC"矿机"的出现完全改变了加密数字货币的生产方式,可以大幅地提升"挖矿"效率。

图 2-40　FPGA　　　　　　　图 2-41　ASIC

(5) 云算力"挖矿"时代：云算力也可以称为"云挖矿"或者"在线挖矿","矿工"只需要按照个人需要选择相应的云算力产品，然后支付 BTC 或者现金，即可在云算力生效期间持续不断地获得 BTC，可以为用户节省购买、安装、托管"矿机"的复杂流程。如图 2-42 所示为比特小鹿(BITDEER)的云算力产品。

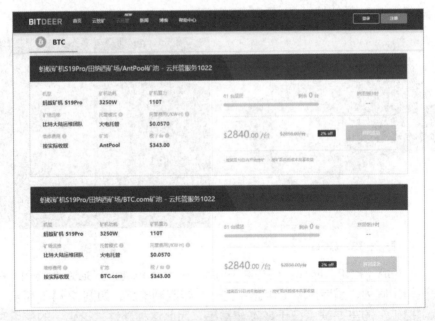

图 2-42　比特小鹿的云算力产品

021　比特币的分叉是什么意思

从比特币诞生到现在，随着市值的不断增长，很多投资者开始担心比特币是否会出现分叉的情况。分叉是指在开发软件时复制并修改了一份代码，也就是说，修改后的代码可以看成是原代码的一个分支，最终呈现出枝繁叶茂的分叉树形态。

对于比特币系统来说，重大的修改可以改变它的整体功能，但也会导致用户之间产生争论和分歧。此外，"矿工"也可能反对这些修改，因为这样做可能会影响他的利润。当然，如果有一群特定的用户同意比特币的这种修改，那么他们可以继续创建属于自己版本的比特币协议，即将区块链分叉，如图 2-43 所示。

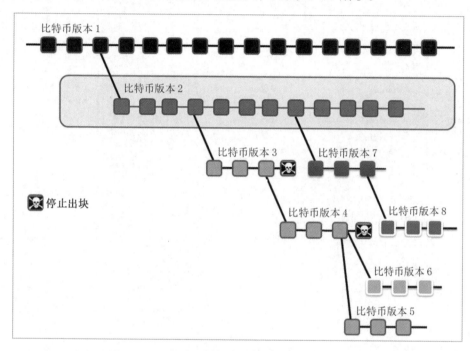

图 2-43 比特币的分叉示例

专家提醒

在中本聪设定的比特币系统中，一个区块的容量为 1 MB，其中的一笔交易为 250 字节或更多。也就是说，一个区块最多只能包含大约 4000 笔交易。比特币中的每个区块确认的时间约为 10 分钟(600 秒)，则每个区块每秒最多能处理 7 笔交易。一旦交易数量过大，则很容易造成拥堵，甚至出现崩溃的情况。因此，区块需要扩容，但扩容方案如何制订成了一个很大的问题，此时比特币的创始人中本聪已经退出了，大家对于扩容方案争论不一。

比特币主要由协议(一套规则)和区块链(记录所有曾发生过的交易信息)两者构成。比特币的分叉可以分为硬分叉和软分叉两类，主要区别在于是否兼容旧版本协议。硬分叉即表示完全不兼容旧版本协议；软分叉即表示可以兼容旧版本协议。

1. 比特币的硬分叉

硬分叉方式的好处在于所有使用新版本的用户，其校验方式都是一样的，因此安全性比较高。2017 年 8 月 1 日，比特币出现了第一次分叉，即 BCH（BitcoinCash，比特币现金），其特点是积极部署主链扩容和发展二层网络，如图 2-44 所示。

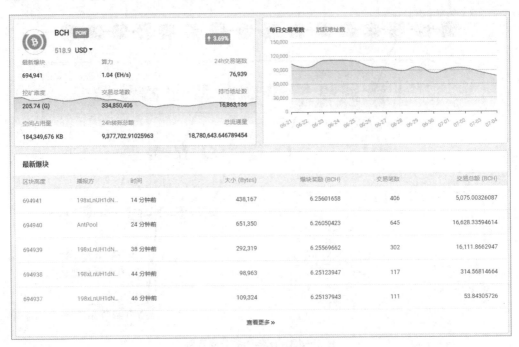

图 2-44　BCH 的相关信息

硬分叉方式的不足之处在于无法与旧版本兼容，因此使用旧版本的用户需要进行更新，从而容易产生网络不稳定的情况。当比特币进行硬分叉后，区块链将产生永久性的分歧，同时产生新的共识规则，旧版本的节点将无法验证新版本的节点中产生的区块，如图 2-45 所示。

2. 比特币的软分叉

软分叉方式的好处在于可以保持同一条区块链，不存在新旧版本的协议冲突，其结构如图 2-46 所示。软分叉方式的不足之处在于新旧版本的校验方式会有少许区别，因此会对安全性产生影响。

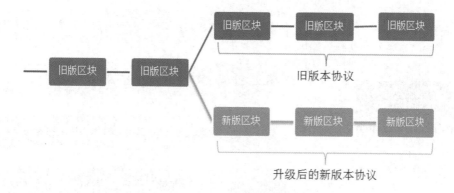

图 2-45 硬分叉结构图

图 2-46 软分叉结构图

022 EOS 的超级节点是什么

在比特币系统中，节点也可以称为"矿工"，通常是指区块链网络中的计算设备，包括电脑、手机、"矿机"和服务器等，其特点如下。

- 具有一定的存储空间。
- 能够连接互联网。
- 具有可视化的操作终端。
- 具有能够运行区块链的相应程序。

EOS(Enterprise Operation System)即为商用分布式应用设计的一款区块链操作系统。在 EOS 技术白皮书中，对超级节点作出了相关定义，内容为："收集、打包、验证交易信息到 EOS 区块中的节点，是 EOS 网络稳定运行的基础。"

要了解 EOS 的超级节点，首先需要了解区块链的共识机制。共识机制是在去中心化的区块链系统中让所有节点达成一致意见的一种原则。超级节点的主要特征和优势如图 2-47 所示。

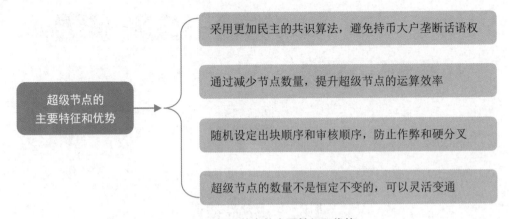

图 2-47　超级节点的主要特征和优势

普通节点在满足公开展示、拥有 Steemit 账号、技术规格、拓展计划、社区福利、电报群＋测试网络、竞选节点路线图、节点分红等标准后，还需要获得一定的社区投票数，才能当选为超级节点。如图 2-48 所示为 EOS 超级节点的投票机制。

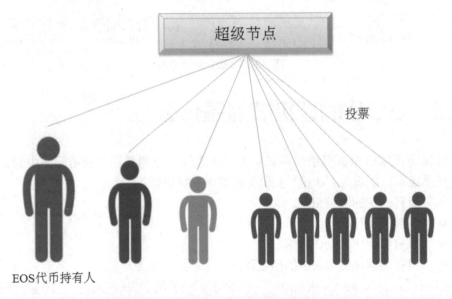

图 2-48　EOS 超级节点的投票机制

第 3 章

层层深入：掌握区块链的分类

　　解决效率和信任问题是所有区块链项目的本质目的，但由于应用场景的区别，因此导致区块链项目的开放程度和应用范围也有所不同。根据区块链项目开放程度的差异，可以将其分为公有链、联盟链、私有链 3 类，其开放程度依次递减。

023　什么是公有链？有何特征

在所有的区块链项目中，公有链(Public Blockchains)是开放程度最高的类型，全世界所有人都可以读取公有链，而且可以发送交易请求并且交易能够获得有效确认。也就是说，任何人都可以选择参与到公有链的共识过程中，如图 3-1 所示。

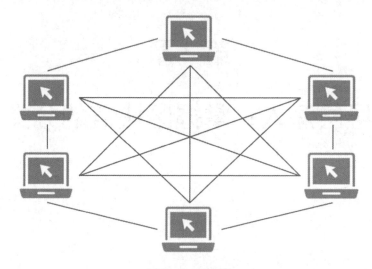

图 3-1　公有链

比特币就是最典型的公有链代表，它面向全世界所有人开放，旨在解决所有人的支付信任问题。每个人都可以成为比特币系统中的用户，同时也没有任何机构或个人可以篡改其中的数据。

例如，以太坊(ETH)、柚子币(EOS)、艾达币(ADA)等产品都是知名的公有链项目。如图 3-2 所示为以太坊的价格走势图。

公有链的开放程度高，而且它被认为是"完全去中心化"的，因此信任度也是最高的。如图 3-3 所示为公有链的基本特点。

在公有链中，所有的数据默认是全部公开的，而且也是最早出现的和运用范围最广的区块链。在公有链项目中，任何一个节点均可自由加入或退出，彼此之间的拓扑关系是完全扁平的。以比特币为例，全球所有的用户都可以查询每个比特币区块的交易信息，如图 3-4 所示。

图 3-2 以太坊的价格走势图

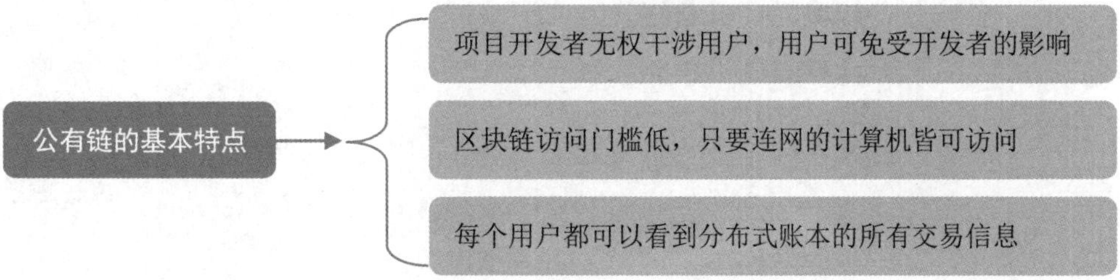

公有链的基本特点 →
- 项目开发者无权干涉用户，用户可免受开发者的影响
- 区块链访问门槛低，只要连网的计算机皆可访问
- 每个用户都可以看到分布式账本的所有交易信息

图 3-3 公有链的基本特点

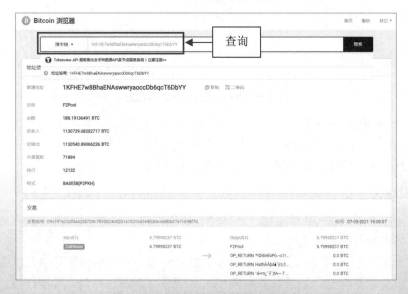

图 3-4 查询比特币区块的交易信息

024　最具潜力的公有链有哪些

目前，除了比特币之外市面上还有 40 多种公有链项目，而且获得了大多数投资者的青睐。那么，除了比特币之外，最具潜力的公有链还有哪些呢？下面笔者汇总了一些有潜力的公有链项目，以供投资者参考。

1. 柚子币

柚子币(Enterprise Operation System，EOS)的发行总量为 10.427 亿枚，流通量为 9.336 亿枚，价格在 2018 年 4 月末创下历史新高，为 22.89 美元，其历史价格走势如图 3-5 所示。

图 3-5　柚子币的历史价格走势

柚子币采用的是一种"弱中心化"的区块链结构，通过并行链和 DPOS (Delegated Proof of Stake，委托权益证明)共识机制的方式，来解决延迟和数据吞吐量的难题，旨在创造一个供需平衡的循环经济体系。

2. 艾达币

艾达币(Cardano，ADA)的发行总量为 450 亿枚，流通量为 259.3 亿枚，其近一年的价格走势如图 3-6 所示。

艾达币在卡尔达诺(Cardano)区块链平台上运行，它采用分层区块链的生态体系设计，可以实现更高的拓展性、兼容性和可持续性，同时还具有可互操作性，能够增强公有链与传统金融的适配度。

图 3-6 艾达币近一年的价格走势

3. 小蚁

NEO 币的原名为小蚁，是 NEO 网络的代币，其历史价格走势如图 3-7 所示。NEO 白皮书的内容显示："NEO 是利用区块链技术和数字身份进行资产数字化，利用智能合约对数字资产进行自动化管理，实现'智能经济'的一种分布式网络。"

图 3-7 NEO 币的历史价格走势

NEO 币主要采用 DBFT(Delegated Byzantine Fault Tolerant，拜占庭容错型

共识机制)、NeoContract(智能合约体系)、NeoX(跨链互操作协议)、NeoFS(分布式存储协议)、NeoQS(QS 是 Quantum Safe 的缩写，抗量子密码学机制)等技术，打造的一种结合数字资产、数字身份和智能合约的分布式网络，开发者可以通过智能合约实现资产管理的数字化与自动化。

专家提醒

NeoX 包括"跨链资产交换协议"和"跨链分布式事务协议"两部分，为每个用户创建合约账户，从而让多个用户可以在不同的区块链上交换资产，最终实现跨链智能合约的目标。

4. 量子链

量子链(Qtum Block chain，QTUM)的发行总量和流通量均为 1 亿枚，总市值为 48.2 亿元人民币，其历史价格走势如图 3-8 所示。

图 3-8　QTUM 币的历史价格走势

QTUM 币结合了比特币和以太坊的优势，是首个基于 UTXO(Unspent Transaction Outputs，未花费的交易输出)模型和去中心化治理机制的 POS(Proof of Staked，权益证明机制)智能合约平台。

5. 比原链

比原链(Bytom，BTM)的发行总量为 21 亿枚，流通量为 16.8 亿枚，总市值为 6.8 亿元人民币，其历史价格走势如图 3-9 所示。

图 3-9　BTM 币的历史价格走势

BTM 币主要在比原链(Bytom Blockchain Protocol)平台上运行，主要特色在于"资产上链"，并采用去中心化的资产交易协议，实现在现实世界与数字世界两个空间之间的资产自由流转的目标。

025　联盟区块链是何物

联盟区块链简称联盟链，是指共识过程中会受到预选节点控制的区块链，其本质仍然属于私有链，不过开发规模要大于私有链而小于公有链。联盟链最大的特色在于走的是混合路线，是一种"部分去中心化"的不完全开放的区块链，仅限于特定的联盟成员或有限的第三方使用，其特征如图 3-10 所示。

联盟链与现实社会中的各种商会联盟体系非常相似。也就是说，只有联盟组织中的成员才能够共享利益和资源,而应用区块链技术只是为了让各成员彼此之间更加信任而已。

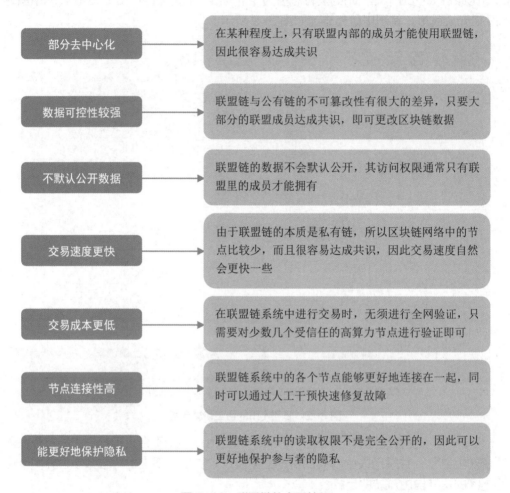

图3-10 联盟链的主要特征

例如,京东的区块链平台智臻链(JD Chain)就是一种"不完全去中心化"的联盟链项目,其底层链的加密算法非常灵活,并且支持国密算法(国家保密局认可的密码算法),如图3-11所示。

同时,京东还将为那些没有能力运行和维护区块链节点的团体提供相应的帮助,帮助他们在京东云上搭建空间,以此来增加联盟链的节点数量。如图3-12所示为搭建JD Chain的基本流程。

联盟链对于多链架构有两方面的要求,分别为应用的需要和组织治理的需要。同时,联盟链的多链架构还面临着一系列的挑战,如图3-13所示。

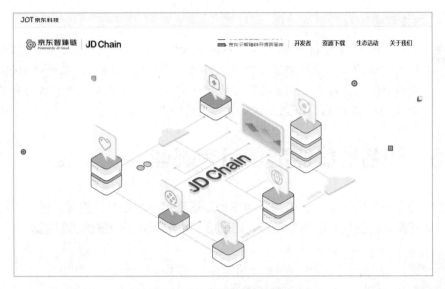

图 3-11 京东智臻链平台

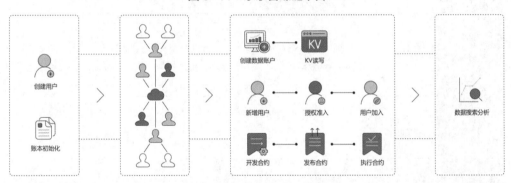

图 3-12 搭建 JD Chain 的基本流程

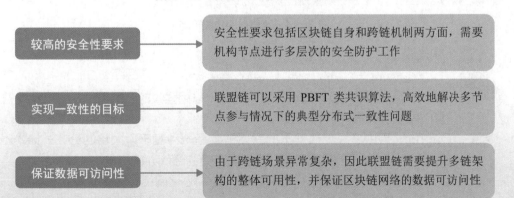

图 3-13 联盟链的多链架构面临的挑战

专家提醒

PBFT(Practical Byzantine Fault Tolerance，实用拜占庭容错)算法的提出主要是为了解决"拜占庭将军"问题，具体理论为："在一个由(3f+1)个节点(f代表系统中拜占庭节点的数量)构成的分布式系统中，只要有不少于(2f+1)个非拜占庭节点正常工作，该系统就能达成一致性。"

026 知名的联盟链项目有哪些

联盟链是一条价值锁定公链，采用多种底层支持技术和共识机制，适合各组织机构之间进行资产的交易和结算等场景。如图 3-14 所示为联盟链的功能矩阵。

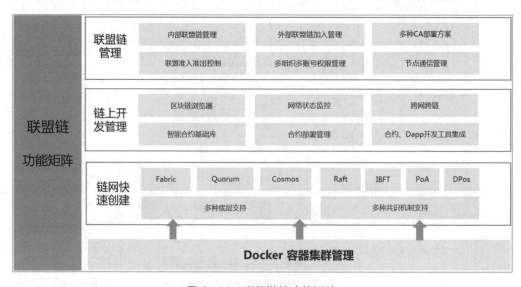

图 3-14 联盟链的功能矩阵

专家提醒

在图 3-14 中，相关的专业术语解释如下。

- Fabric 是由 IBM 设计的超级账本框架，采用强大的容器技术，可以承载各种用主流语言编写的智能合约。
- Quorum 是由摩根大通推出的联盟链，是一种基于以太坊的分布式账本协议，通过一种全新的共识机制来实现交易与合约隐私功能。
- Cosmos 是一个独立于并行区块链的去中心化网络，让区块链可以相互扩展和互操作。
- Raft 是一种用于解决非"拜占庭将军"问题下达成共识的强一致协议。

- IBFT(Istanbul BFT)是一种高度优化的 BFT(Byzantine Fault Tolerance,拜占庭容错)算法,其基本原理与 PBFT 是一样的。
- PoA(Proof of Authority,权威证明)是一种区块链共识机制,基本思路就是选出中央权威来统一大家的状态。
- DPos 算法是 POS 的进化版,分为"区块生产者选举"和"生产调度"两个部分,其原理与董事会投票类似。
- Docker 是一个开源的应用容器引擎,基于 Go 语言设计并遵从 Apache 2.0 协议开源。

下面总结了一些知名的联盟链平台,以供投资者参考。

1. R3 联盟

R3 联盟于 2015 年 9 月成立,由 R3 CEV 公司联合 300 多家金融服务机构、科技企业、监管机构共同组成,其成员遍及全球。R3 联盟推出了企业级开源产品 Corda(见图 3-15),这是一个开源区块链分布式私人账本,能够帮助更多的企业使用该平台研发产品。

图 3-15 Corda 平台

R3 联盟的目标是在区块链应用中建立一个制定行业标准和开发相关技术的组织,具体如图 3-16 所示。

2. 超级账本

超级账本(Hyperledger)是 Linux 基金会协作推出的一个开源项目,其目的在于促进开发跨行业的区块链技术。超级账本已经发展成为全球性的区块链技术联盟。目前,超级账本项目最著名的子项目是 Hyperledger Fabric。如图 3-17 所示为 Hyperledger Fabric 的分层架构图。

图 3-16　R3 联盟的目标

图 3-17　Hyperledger Fabric 的分层架构图

超级账本的主要服务对象是银行、金融服务机构和 IT 企业。除了 Hyperledger Fabric 子项目外，超级账本还孵化出了 Hyperledger Burrow、Hyperledger Iroha、Hyperledger Indy、Hyperledger Quilt、Hyperledger Cello 和 Hyperledger Sawtooth 等多个商用区块链子项目。

3. 企业以太坊联盟

企业以太坊联盟(Enterprise Ethereum Alliance，EEA)的主要目标是将以太坊开发成企业级区块链，其组织成员包括石油巨头、大型投资银行以及软件开发公司等全球性的企业，部分创始成员如图 3-18 所示。

图 3-18　企业以太坊联盟的部分创始成员

企业以太坊联盟将由各组织成员共同制定行业标准，其研发重点在于保证区块链的隐私性、保密性、可扩展性和安全性。EEA 创始董事会成员 Jeremy Millar 表示："企业以太坊联盟的目标是将各个利益集团、用户、初创公司和大型技术平台聚集在一起，从而可以让我们一起出谋划策。"

4．中国分布式总账基础协议联盟

中国分布式总账基础协议联盟(CHINALEDGER)是一个由大型金融机构、金融基础设施和技术服务公司共同创立的分布式账本联盟，旨在开发符合我国国情的区块链底层技术，如图 3-19 所示。

图 3-19　中国分布式总账基础协议联盟平台

中国分布式总账基础协议联盟与其他联盟链项目的主要区别在于，该项目不仅充分考虑了金融主战场的核心需求，而且还融合了中国金融监管的特色，以增加中国政府、中国人民银行及各金融机构在全球的话语权，更好地维护国家经济金融主权。

5. 中国区块链研究联盟

中国区块链研究联盟(China Blockchain Research Alliance，CBRA)是由GSF100(全球共享金融 100 人论坛)联合部分理事单位和中国保险资产管理业协会等共同创建的区块链项目，其主要目标如图 3-20 所示。

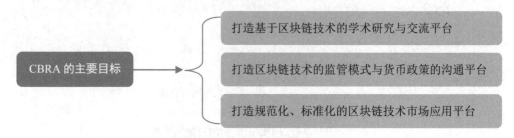

图 3-20　CBRA 的主要目标

027　私有链有哪些特点和应用

私有链简称私链，是指由某个组织完全掌握写入权限的区块链，开放程度最低，甚至连公共的可读性也不一定是必需的，如图 3-21 所示。

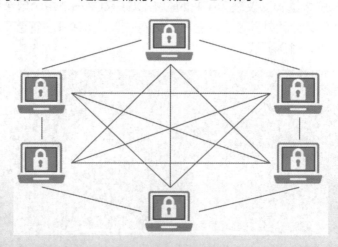

图 3-21　私有链

私有链与传统的数据库类似，但可以向其中添加公共节点，因此节点的数量比数据库更多。私有链对传统金融行业来说作用很大，能够提高金融机构的工作效率和防止出现金融敲诈等问题。如图 3-22 所示为私有链的主要特点。

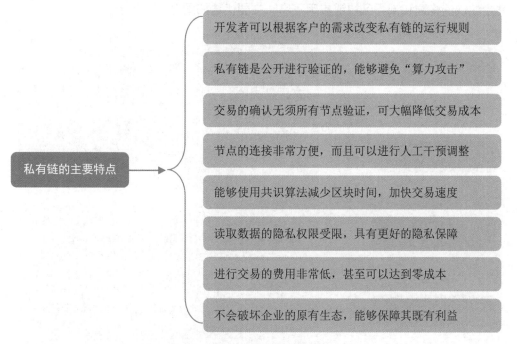

图 3-22 私有链的主要特点

多链(MultiChain)是一个由币科学(Coin Science)公司推出的帮助企业建立私链的平台,并具有保护隐私和权限控制等功能,如图 3-23 所示。

图 3-23 多链平台

多链旨在让开发人员以最快的速度构建区块链和应用程序,同时还具有定制功能，开发人员可完全控制区块链的各个方面，而且工作量证明是可选的。多链可以帮助企业快速构建和部署区块链应用程序，主要优势如图3-24所示。

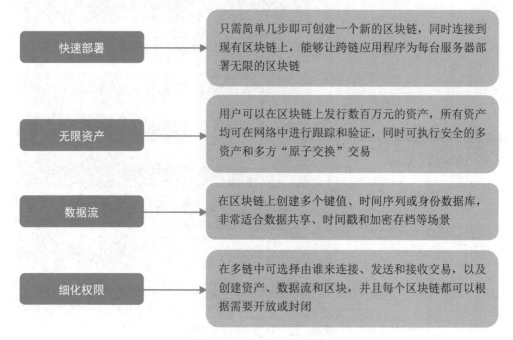

图 3-24 多链的主要优势

028 区块链还有哪些分类

上面是按照区块链的开放程度进行分类的，另外，按照区块链的应用范围可以将其分为基础链和行业链，按照原创性还可以划分为原链和分叉链，其他分类方法还有许可链和混合链等，下面分别进行简单介绍。

1. 基础链

基础链通常以公有链为主，是指为开发人员提供底层的通用开发平台，方便他们快速开发出各种"去中心化应用"（DApp）的一种区块链。基础链就好比是电脑中的操作系统，用户可以在操作系统的基础上开发和使用各种软件。

> **专家提醒**
>
> 对区块来说，DApp 就像是 Android 系统中的 App，它指的是一种完全开源、自治的分布式应用。

基础链的典型代表有以太币和柚子币。如图 3-25 所示为以太坊的开发者平台，它为开发人员提供了大量的相关工具。

图 3-25　以太坊的开发者平台

2. 行业链

行业链是在基础链的基础上，专为某些特定行业提供定制化的开发服务的一种区块链。行业链可以针对某个行业，为其提供一些专属的基础协议和工具，与生活中的行业标准类似。

行业链的典型代表有比原链、公信宝(GXS)和 SEER 等。例如，GXS(GXChain)是公信宝数据交易所的底层链，不但承载着高频的数据交易交换任务，而且还支持开发者开发应用，如图 3-26 所示。

图 3-26　公信宝平台

GXS 在区块链技术的基础上，为数据经济行业的发展带来了全新的解决方案，同时已经有了众多落地的应用和实践，其方案优势如图 3-27 所示。

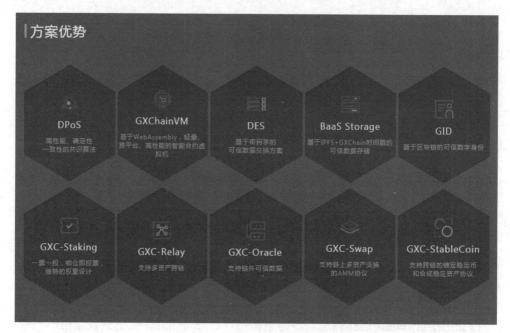

图 3-27　公信宝的方案优势

3．原链

原链是指根据区块链规则单独设计的原创区块链，其对技术有较高的要求，比较典型的代表有比特币和以太币。

4．分叉链

分叉链是指在原链的基础上进行硬分叉或软分叉，生成了一条新的独立运行的主链。例如，比特币于 2017 年 8 月 1 日出现硬分叉，诞生了一种新的数字货币——比特币现金(BCH)，两者存在相同点，但也有不少差异，如图 3-28 所示。

5．许可链

许可链(Permissioned Blockchain)是指每个加入区块链的节点必须经过系统的许可，没有经过许可的话则无法加入到区块链系统中。根据这一特点，可以认为私有链和联盟链都属于许可链。

6．混合链

随着区块链技术的不断发展，其应用场景也变得更加广泛和复杂，同时私有链和公有链彼此之间的界限也日趋模糊，混合链(Hybrid Blockchain)就是在这种环境下产生的。混合链可能会同时包含公有链和许可链的相关特征，而且在混合链系统中所有节点的权限各不相同，因此开发难度非常大。

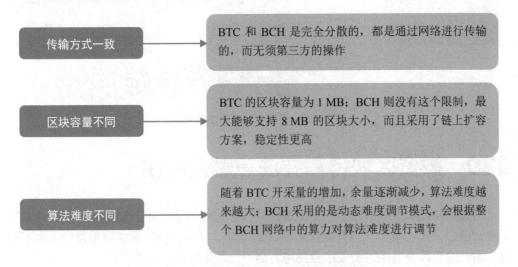

图 3-28　BTC 与 BCH 的相同点和差异

029　进军区块链需要注意哪些事项

如今，各种区块链应用遍地开花，相关企业想要进军区块链领域，还需要把握住相关要点，如图 3-29 所示。

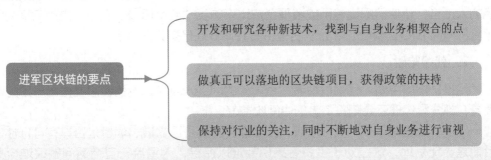

图 3-29　进军区块链的要点

区块链可以说是一项颠覆性的技术，未来充满了巨大的机遇。但是，进军区块链项目的相关企业和从业者仍然需要保持谨慎的态度，需要注意的事情还有很多，如图 3-30 所示。

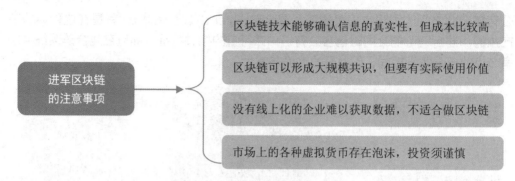

图 3-30　进军区块链的注意事项

030　投资区块链需要注意哪些陷阱

随着区块链概念的火热，不少人在区块链领域中淘到了第一桶金，甚至有人实现了财富自由，因此吸引了很多人投入区块链领域。但是，各种区块链项目令人目不暇接，因此投资区块链还需要注意避免掉入陷阱，否则可能会血本无归。

1. ICO 陷阱

ICO(Initial Coin Offering，首次币发行)与股市中 IPO(Initial Public Offering，首次公开募股)的概念非常类似，是指区块链项目首次发行代币，募集比特币、以太坊等通用数字货币的行为。

ICO 陷阱主要是利用人们贪婪的心理来达到"收割韭菜"的目的。骗子们利用 ICO 打着"年入百万"的幌子到处招摇撞骗，吸引那些喜欢投机取巧、急于求成走捷径的人上当，让他们用比特币或者现金按比率购买"韭菜币"。例如，由越南某公司运营的两起 ICO，骗取了 3 万多名投资者共计 6.6 亿美元的资金。

2. 代投陷阱

代投是指由中间人代替投资者投资国外的 ICO 项目，投资者需要付出一定的手续费，部分黑代理还会赚投资者的中间收益差。

代投项目鱼龙混杂、真假难辨，而且项目团队是否靠谱、项目是否具有可行性、后期是否能落地，这些对于投资者来说都难以追踪，入局后一旦遭遇问题很难全身而退。

3. 非法传销

有些骗子利用区块链或加密数字货币的名头进行非法传销活动，以高额返利为诱饵欺骗投资者入局，投资者不仅需要付出高额的门槛费，而且还要继续发展他人参加，骗取大量财物。

如珍宝币、百川币、马克币、暗黑币等，江苏省互联网金融协会将它们都列为非法传销项目。腾讯安全反诈骗实验室负责人也曾表示："利用所谓的区块链概念搞的代币、虚拟币这一块，我们发现非常活跃的这种代币有 2000 多种，类似传销平台已经超过 3000 家，这类犯罪因为涉案金额非常大，所以危害很大。"

第4章

轻松掌握:区块链的这些特征

　　区块链起源于比特币,通过一种去中心化的方式,有效地解决了信任背书和价值传递的问题,因此去中心化是区块链最大的特征。同时区块链还具有开放性、独立性、安全性和匿名性等特征。

031 什么是中心化和去中心化

　　传统的数据库系统都有一个相同点，那就是它们中间有一个管理者，对数据库的存储和维护工作全权负责，这就是中心节点。中心节点不仅保存了所有的数据，而且其他节点产生的所有数据都需要通过它来进行处理，如图 4-1 所示。

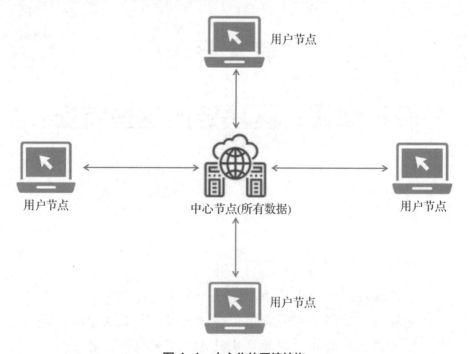

图 4-1　中心化的系统结构

　　例如，在银行这个金融体系中，银行就是一个中心节点，所有的用户不管是登录账户、查询余额，还是转账汇款或购物支付，都需要经过银行来传输数据。例如，用户在转账时，银行会扣除转出账户中的金额，然后在转入账户中添加相应的金额，如图 4-2 所示。

　　因此，有人提出了疑问，是否可以构建一个没有中心节点的数据库系统呢？对此中本聪就创造了一个比较合理的解决方案——区块链。区块链与普通数据存储技术的不同之处在于，它加入了去中心化技术，使得区块链中的任何一个节点都有可能成为阶段性的中心，因此没有了中心节点和用户节点的差异，从而打造出一个开放式、扁平化、平等式的网络结构，如图 4-3 所示。

图 4-2 通过银行转账的过程

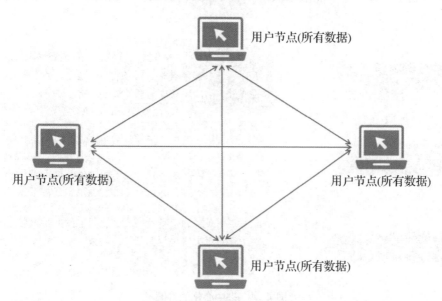

图 4-3 去中心化的系统结构

在区块链网络中,所有的节点都存储了全部的数据库,它们的权利对等。区块链网络中的某个节点需要更新数据时,必须通过广播的方式告知网络中的所有节点,并且让全部的节点都添加更新的数据内容。

专家提醒

中心化的网络结构存在以下弊端。

(1) 安全性较差。在中心化的系统中,所有的数据都存储在中心节点上,一旦该节点出现故障,则所有网络都会瘫痪。

(2) 管理不透明。中心化的行业数据通常集中在少数几个巨头企业中,数据的管理非常隐蔽且不透明,如果数据泄露,后果非常严重。

在去中心化网络结构中,数据信息不再集中在某个人手中,而是所有人都掌握着同样的数据,从而可以很好地解决上述问题。

032　去中心化有哪些价值和应用场景

很多人对去中心化的概念有误解，认为去中心化就是不要中心或者完全没有中心。其实，事实完全相反，去中心化是由每一个节点自由选择和决定中心，也可以简单地理解为"中心决定节点"，这与中心化的"节点决定中心"原理恰恰相反。在去中心化网络中，每一个节点都可以成为中心，其价值主要体现在以下 3 点，如图 4-4 所示。

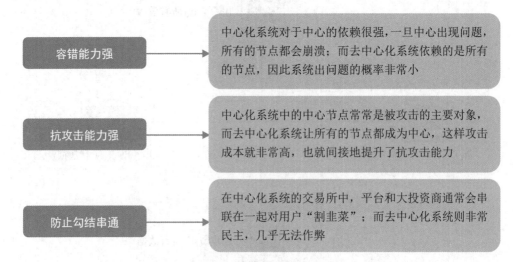

图 4-4　去中心化的价值

其实，去中心化的本质在于建立一个人人都能参与并且相互信任的新秩序，其应用场景包括共享账本、数字资产登记、B2C 业务、区块链的信息见证和存储等。

（1）共享账本。共享账本是指多个人在同一个账本下记账并共享该账本，所有的账本成员均可以看到彼此记录的账单。例如，钱迹 App 就具有共享账本功能，所有的账本成员均可以在账本下记账，并且有权限编辑账单分类、预算等，如图 4-5 所示。

（2）数字资产登记。区块链的去中心化特征可以将用户的数字资产进行登记，从而保障数字资产的流通记录也"有迹可循"。例如，由湖南省知识产权局、长沙市知识产权局等机构和企业联合发起成立的中证数登公司，已经将数字资产的"登记—确权—转让—兑换—维权"生态链全面打通，并全部实现商业化场景落地，相关服务如图 4-6 所示。

图 4-5 钱迹 App

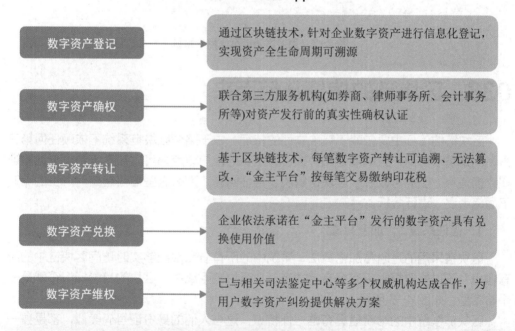

图 4-6 中证数登公司的相关服务

(3) B2C 业务。B2C 是 Business to Consumer 的缩写,即商对客电子商务模式。在 B2C 业务中运用去中心化的区块链技术,可以有效地解决信任问题。例如,迅雷链的商品溯源功能,通过结合区块链与物联网等技术,将商品各个环节的数据上链存证,能够防范假冒伪劣商品,促进消费者与生产商之间的信任,如图 4-7 所示。

(4) 区块链的信息见证和存储。区块链系统中每一个可访问信息的节点用户都是见证者，因此需要提供或保存交易证据。以保险为例，通过将保险信息存储在区块链上，可以更好地避免用户被骗保或保险公司抵赖等情况。

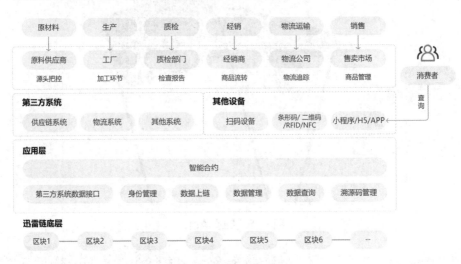

图 4-7　百度区块链可信积分系统

033　区块链的信任从何而来

区块链的信任主要依赖于其独立性的特征，由于整个区块链系统不依赖任何第三方，而是基于协商一致的规范和协议，让所有的用户节点都可以在系统内安全地验证和交换信息。因此可以说，区块链解决了信任问题，那么这些信任是如何产生的呢？下面笔者逐一进行分析。

1. 信任来源 1：加密算法

区块链采用的是哈希加密算法，系统中的所有节点都能够实时访问区块链中的所有信息，不过修改权限只有拥有者才有。在区块链系统中，区块的身份标识符就是一个哈希值，如图 4-8 所示。

区块链系统中的哈希值具有唯一性特点，这与人们的身份证号码类似，都是独一无二的。区块头经过两次 SHA-256 加密算法，即可得到区块的哈希值，如图 4-9 所示。在密码学中，哈希函数具有"抗碰撞性""原像不可逆""难题友好性"等特点。由于哈希值的加密过程是不可逆的，因此用哈希值保存密码更加安全。

另外，区块链系统中的数字签名是基于非对称加密技术进行加密和解密的，用到了一对私钥和公钥，这一对密钥完全不同但又完全匹配，可以有效地防止假冒和抵赖。

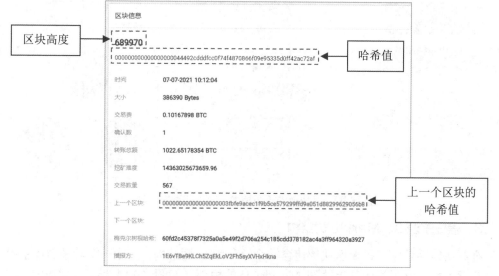

图 4-8 哈希值是区块的身份标识符

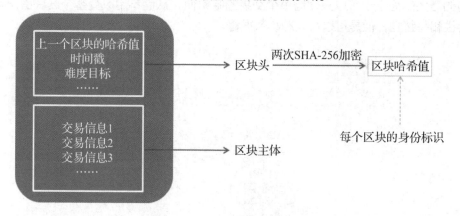

图 4-9 区块哈希值的形成过程

2. 信任来源 2：分布式共识

区块链技术的核心在于达成分布式共识来维护账本的一致性，如果说共识是一种手段，则一致性描述就是结果。通过密码学、共识机制和分布式存储等技术，可以让区块链具备去中心化、去中介信任等特点，如图 4-10 所示。

简单来说，分布式共识与投票机制类似，当通过投票得出有超过半数人同意某个提议时，则该提议就会被执行。互联网讲究的是信息的共享，而区块链则强调的是人人共识，即区块链系统中的每个节点都可以进行访问、参与见证和识别。

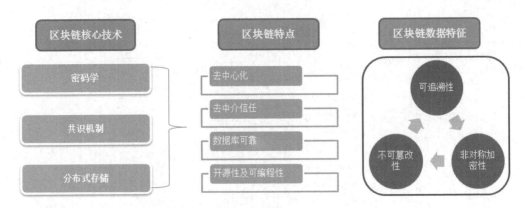

图 4-10 区块链的核心技术、特点和数据特征

3. 信任来源 3：Merkle 树结构

在区块链系统中，每个区块都包含一个 Merkle 树结构，其中一个叶子节点就是一个交易哈希，然后逐步往上达到 Merkle 树的根部，如图 4-11 所示。Merkle 树结构的最大优势在于可以只保留每个交易的哈希值，从而不用改变整个区块密码学的安全性和完整性，但是可以大大减小数据量。

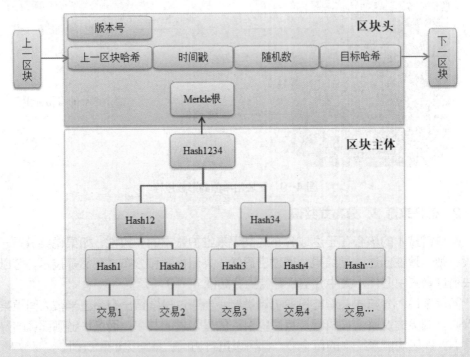

图 4-11 区块中的 Merkle 树结构

034　为什么说区块链系统是开放的

之所以说区块链系统是开放的，主要是因为它的数据对于所有人都是公开的，而且整个系统信息是高度透明的，除了交易各方的加密私有信息外，每个人都能够通过公开的接口查看区块链数据和开发相关的应用。

以以太坊交易为例，虽然用户可以进行匿名交易，但他们的交易操作都会对整个网络公开。如图 4-12 所示，为使用 ViewToken 浏览器查看所有的以太坊交易，包括交易哈希、时间、Gas 限额、Gas 价格和交易额等信息。

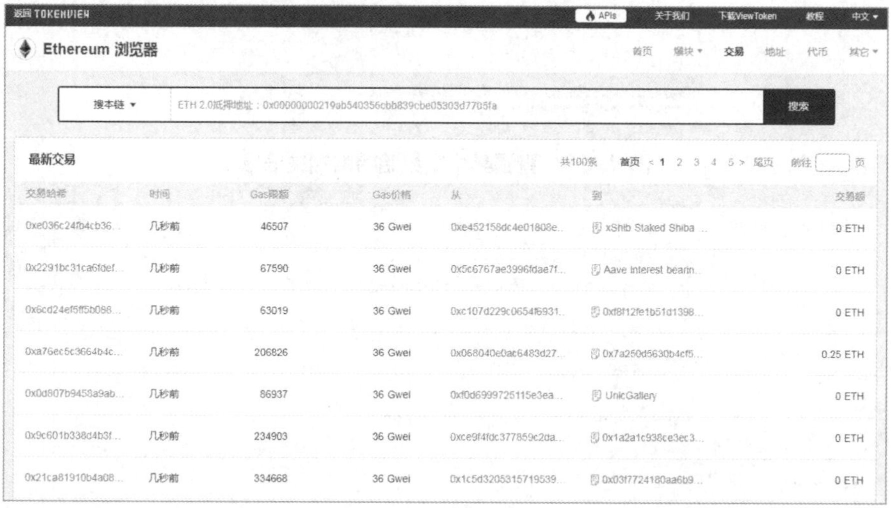

图 4-12　查询以太坊交易

在交易列表中选择相应的交易哈希，即可查看该交易的详细信息和事件日志。在"交易信息"页面中，可以查看交易状态、所在块、时间、交易总额、ETH 价格、交易费等信息，如图 4-13 所示。

> **专家提醒**
>
> 在以太坊网络中，Gas 是一个用于衡量正在运行的交易或智能合约的计算工作的单位，不同种类的交易需要完成不同数量的 Gas。

在"事件日志"页面中，可以查看交易哈希的地址、题目、数据和 Raw traces(原始痕迹)信息，如图 4-14 所示。

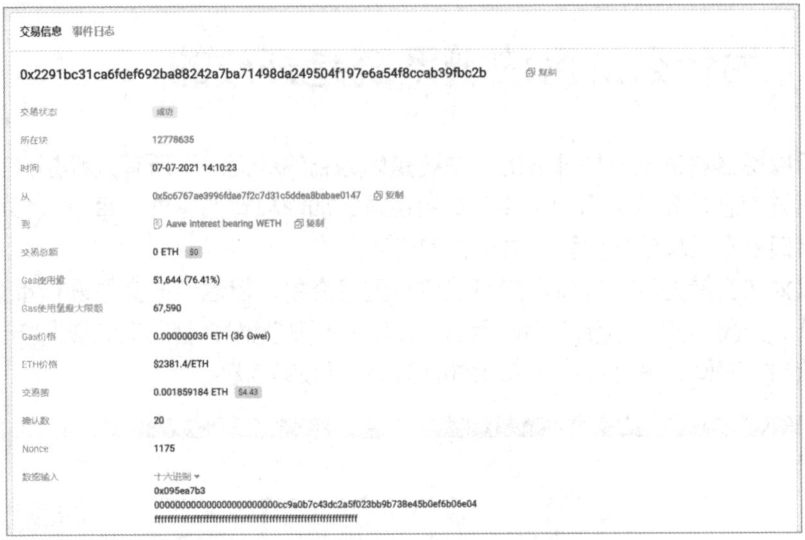

图 4-13 查看某个交易哈希的相关信息

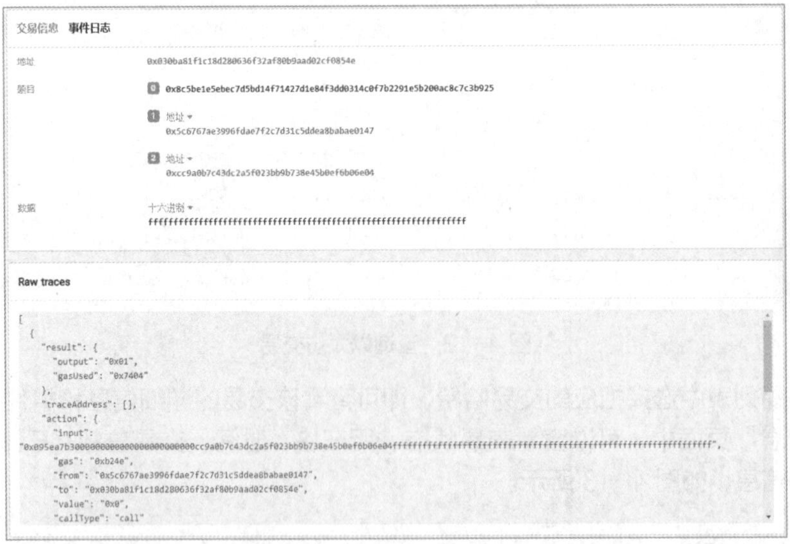

图 4-14 "事件日志"页面

035　区块链的自治性有何体现

　　区块链的信任构建主要是采用特定的数学算法来制定规则,所有的节点都必须遵守该规则,从而保证它们能够在去信任的环境下自由安全地交换彼此的数据。因此,区块链的信任是基于系统的高度自治性，而避免了人为的干预，如图 4-15 所示。

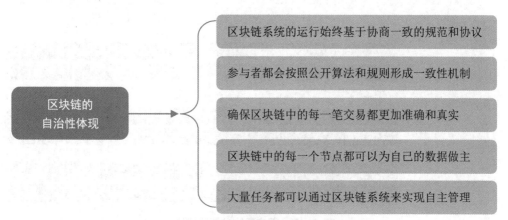

图 4-15　区块链的自治性体现

区块链是基于分布式账本技术的自治执行机制，即将区块链等同于智能合约。在没有通证的情况下，通过智能合约的自动/自治执行，进行数字资产的交易，从而极大地扩展了区块链的应用可能性。如图 4-16 所示为智能合约的执行流程。

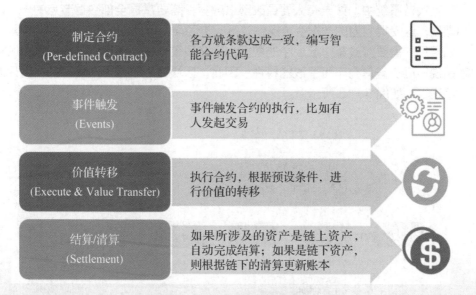

图 4-16　智能合约的执行流程

例如，百度区块链可信金融系统中的区块链催收模块，不仅可以实现资金的自动化清算结算，而且数据真实、透明、安全，能够增强多方信任，如图 4-17 所示。

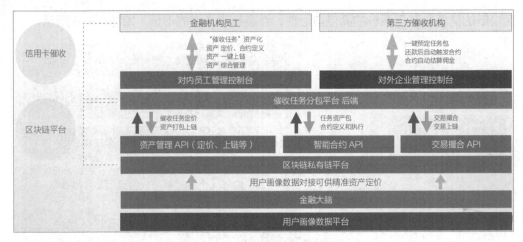

图 4-17 百度区块链催收模块

036 为什么说区块链的信息更安全

在区块链系统中,如果有人要更改网络数据,需要掌握全部数据节点的一半以上才能做到,这使得人为的数据变更操作变得非常困难,因此数据的安全性非常高。

如果用户需要修改某个区块中的数据,则必须重新生产该区块之后的所有区块。也就是说,区块链具有不可篡改的特性。因此,区块链账本是无法修改的,而只能进行"修正",如图 4-18 所示。

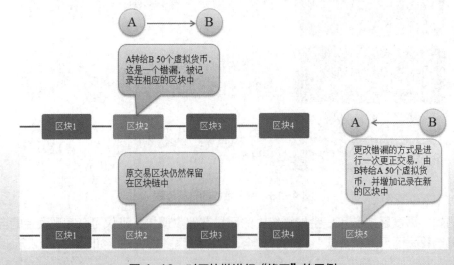

图 4-18 对区块链进行"修正"的示例

由于区块链采用的是共识机制,如果要对区块链进行修改就需要付出极高的成本,一般人是根本做不到的。尤其是这种破坏算力的事情,会严重损害用户的自身利益,因此也得不到用户的支持。所以,区块链的这种实用设计,极大地增强了网络中的数据可靠性。

区块链的不可篡改特性能够应用到农产品溯源和进口商品溯源等领域,其安全性不言而喻。例如,蚂蚁链溯源服务(AntBlockChain Traceability as a Service,TaaS)平台是依托于蚂蚁链 BaaS(Blockchain as a Service,区块链即服务)研发的适用于各种溯源场景的大规模商用溯源服务平台,相关客户案例如图 4-19 所示。

图 4-19　蚂蚁链溯源服务平台的相关客户案例

TaaS 平台利用区块链溯源结合物联网等技术，追踪记录产品生命周期的各个环节，把产品的生产信息、品质信息、流通信息、检测检验等数据以及参与方的信息，不可篡改地登记在区块链上，解决相关的行业痛点。

（1）解决问题：信息孤岛、信息流转不畅、信息缺乏透明度等。

（2）实现目标：记录生产过程、追溯责任主体、追踪产品流向、识别风险隐患、评估危害程度、监管共享信息。

（3）方案优势：提升企业品牌的信任度，增强政府部门监管的透明度和便利性，提高数字社会的公共安全管理水平。

蚂蚁链溯源服务平台为有区块链溯源需求的客户提供了一套简易的 SaaS (Software as a Service，软件服务化)服务控制台，该系统可支持界面化操作，同时支持二次开发 API 程序以及具有官方的公众查询客户端，其产品功能、优势和特色如图 4-20 所示。

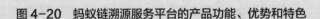

图 4-20 蚂蚁链溯源服务平台的产品功能、优势和特色

蚂蚁链溯源服务平台的应用场景包括通用溯源、跨境溯源、原产地溯源和监管溯源等，适用于全领域溯源场景，如图 4-21 所示。

图 4-21　蚂蚁链溯源服务平台的应用场景

037　区块链的匿名性有何能力

区块链系统中各节点之间的数据交换采用的是固定的规则，是一种去信任的交易环境，因此用户在进行交易时可以采用匿名的方式让对方信任自己，对信用的累积有很大的帮助。

区块链的安全性在于系统中有大量的节点来验证每个交易，但是这样做并不利于保护隐私，怎么解决这个问题呢？如何让所有的节点都验证每个交易的安全性，但是又不让它们看到交易的信息？

对此，以太坊的创始人维塔利克·布特林(Vitalik Buterin)提出了 4 种解决方案，分别为通道(Channels)、混合器(Mixers)、环签名(Ring Signature)及零知识证明(Zero Knowledge Proofs)，能够有效解决以太坊区块链的兼顾隐私性和安全性的问题。

（1）通道：通道之内的交易都不在链上，只有两个参与者能看到，同时只有存款、取款和处理相互冲突的交易会保存在链上。

（2）混合器：构建一个连接所有交易方的中心平台，由中心平台来打乱交易方彼此之间的联系，从而让他们无法找到对应关系。

（3）环签名：由特殊的群签名组成的一种协议。用户只需要证明自己是这组群签名的所有者之一，但这组环签名所代表的资产背后的具体持有者是谁，大家是无法知道的。

（4）零知识证明：用户需要在不借助任何其他知识的情况下，在一个空缺的等式中填入正确的答案，使等式成立，并让所有人都能看到，这就是零知识证明。也就是说，在区块链的交易过程中，可以在没有其他底层数据辅助的情况下，能够直接通过验证，这是一项非常强大的保护隐私性的技术。

在现实生活中，匿名性是指通过隐藏自己的个性，使自己融入一个去个性化的群体中。在区块链系统中，匿名性则表示其他人无法知道你有多少资产，以及你与哪些人进行了交易，而且还可以对隐私的信息进行匿名加密。

例如，欧易(OKEx)是一个国际性的交易所，用户可以在该平台买币、查看行情和进行交易等，如图 4-22 所示。欧易的底层技术也是区块链，而且蕴含了匿名性的特征，在保持信息公开透明的同时，更好地维护用户的私密信息和账户信息，为用户提供安全、稳定、可信的数字资产交易服务。

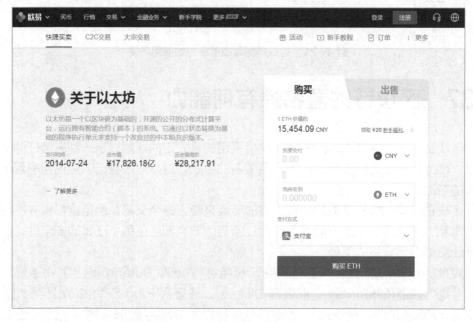

图 4-22　欧易平台

专家提醒

在欧易平台上，用户只需要简单的 3 步即可购买加密数字货币。

(1) 用户选择想要购买的加密数字货币，输入金额或数量，并选择支付方式。

(2) 系统会为用户自动匹配优质商家，并支持用户所在国家或地区的主流支付方式。

(3) 商家确认收款后，加密数字货币将自动转入到用户的欧易账户。

038　区块链是怎么实现数据共享的

区块链是一种分布式的底层技术，其价值之一在于打破数据孤岛，让不同的用户节点之间可以共享数据，从而缩减流程、提升效率、增进合作。

例如，在政务场景中，可以通过区块链技术解决政务数据使用监控、多部门多主体协同、数据安全加密的诉求，助力政务数据管理，以及推进政府数据开放共享。如腾讯区块链平台推出的政务数据解决方案，其针对的场景需求如图 4-23 所示。

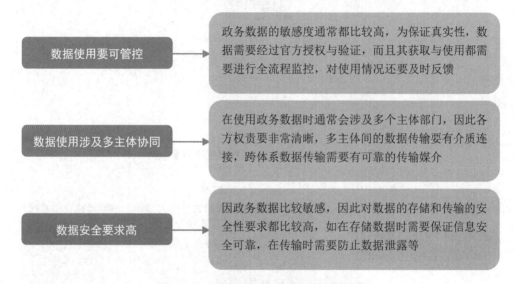

图 4-23　政务数据解决方案的场景需求

腾讯区块链政务数据解决方案通过联盟链技术开发轻量化的小程序，让数据拥有者可以随时随地对数据资产进行安全管理与授权，数据使用情况一目了然，消除数据被滥用和被泄露的风险，其方案框架如图 4-24 所示。

同时，数据可以进行链上流转，还具有防篡改和可追溯功能，使用方业务权责清晰，数据所有权、使用权明确。另外，监管部门可闭环评估数据资产的使用状况，从而提升服务质量。如图 4-25 所示为腾讯区块链政务数据解决方案的主要优势。

在区块链系统的数据共享过程中，用户可以向区块链系统发送发布和读取数据等请求，随后区块链网络中的各个节点将采用共识算法对其开展多方验证，具体模型如图 4-26 所示。

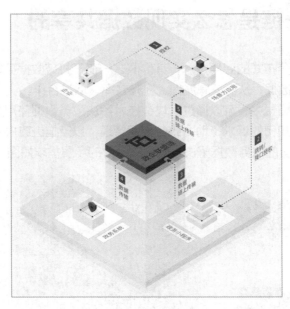

图 4-24　腾讯区块链政务数据解决方案框架

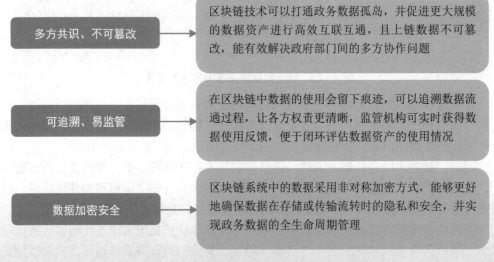

图 4-25　腾讯区块链政务数据解决方案的主要优势

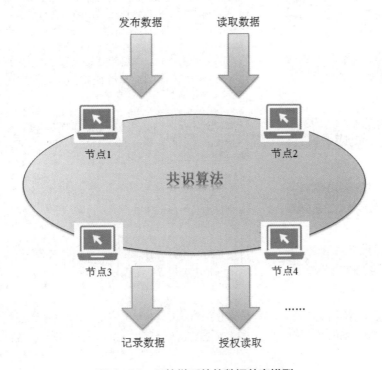

图4-26　区块链系统的数据共享模型

区块链的数据共享与互联网的区别在于，它不仅可以共享数据，而且还可以共享数据的控制权。简单来说，区块链是采用权限分享的方式，由每一个参与者一起维护和管理数据。

039　区块链技术是否存在瓶颈

区块链技术具有去中心化、公开透明和防篡改等特征，逐渐被应用到很多行业，而且得到了众多巨头公司的支持，它们争先恐后地研究如何用区块链技术来抢占商业先机。虽然区块链技术有很多优势和特征，但也存在一些应用和性能方面的瓶颈，如图4-27所示。

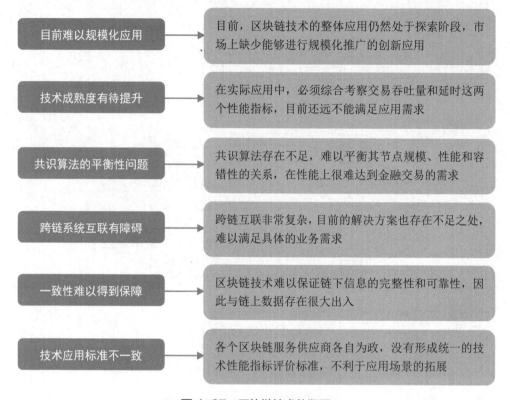

图4-27 区块链技术的瓶颈

第 5 章

本质解密：区块链的技术运用

　　区块链除了自身系统使用到的分布式账本、共识机制、密码学和智能合约等核心技术外，还可以与大数据、物联网、云技术及人工智能等技术融合运用，发挥出更大的作用。

040　区块链的底层架构是什么

从比特币出现开始，各种区块链系统和应用场景不断涌现出来，如以太坊、超级账本(Hyperledger)、柚子币、比特股(Bitshares，BTS)以及瑞波(Ripple)等主流的区块链底层技术。例如，瑞波是一个基于点对点区块链的开放式全球支付网络，用户可以通过该平台向互联网上的任何一个人转账，而且支持比特币和各国货币，如图 5-1 所示。

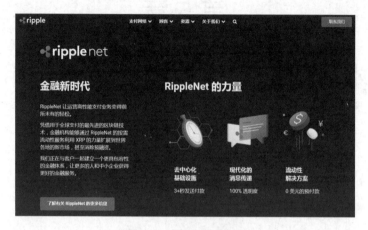

图 5-1　瑞波支付网络

区块链技术可以说是多种技术整合创新的集合，其底层架构技术的特点是"弱中心化＋自信任"。如图 5-2 所示为区块链的基本技术架构。

图 5-2　区块链的基本技术架构

从区块链的基本技术模型中可以看到，该模型包括数据层、网络层、共识层、激励层、合约层、应用层这 6 大层级，而且每个层级都有自己的核心功能，通过相互结合构成了区块链技术系统。

1. 数据层

数据层包括了区块链系统中的一些物理形式的技术类型。例如，链式结构技术主要用来描述区块链的整体结构，能够快速发现某个区块内的数据被修改的情况；再如，梅克尔树的结构也起到了同样的作用，能够很容易发现区块中的所有交易数据的修改，如图 5-3 所示。

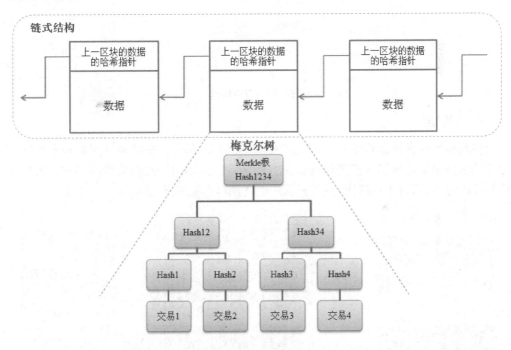

图 5-3　区块链数据层的链式结构与梅克尔树技术

2. 网络层

网络层主要运用了一些可以交流节点信息的相关技术。例如，P2P 网络(对等网络)是区块链的网络结构，是一种能够在各个节点之间分配任务和工作负载的分布式应用架构，如图 5-4 所示。

3. 共识层

共识层主要包括区块链系统采用的共识机制，这可以说是区块链世界里的"生存法则"，就好比是国家的法律法规或者公司的规章制度，所有的参与者都需要遵守。

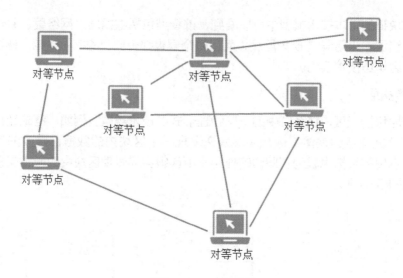

图 5-4　P2P 网络

4. 激励层

激励层包括区块链系统的发行机制和激励机制两部分,主要是针对参与安全验证工作的区块链节点给予一定的激励措施。例如,以太坊由于共识机制的不同,其奖励机制可以分为 ETH 1.0 时代和 ETH 2.0 时代两种,如图 5-5 所示。

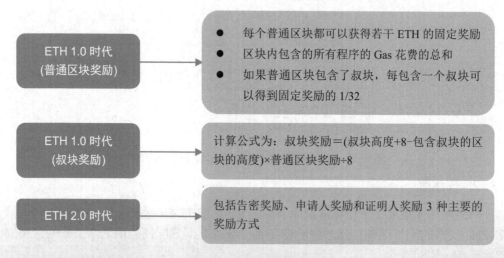

图 5-5　以太坊的奖励机制

5. 合约层

合约层包括各种代码脚本、算法机制和智能合约的协议,让区块链系统具备可编程能力。例如,以太坊就是一个可编程的区块链应用,用户可以在以太坊上自行编辑代码，开发各种去中心化应用，并将其存储在区块上以供其他人使用，这就是"智能合约"。如图 5-6 所示为以太坊的编程语言。

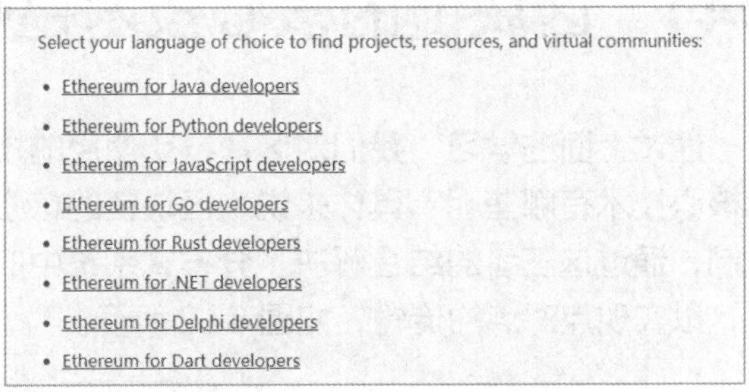

6. 应用层

应用层主要用于封装区块链中的各种落地应用场景，如招商银行一链通平台中的供应链模块就是一种区块链的应用。它通过将区块链技术应用到供应链金融领域，将商流、物流和资金链进行链上可信存证，解决了业务参与方、银行投资方、行业监管机构的信任问题，解决的场景痛点如下。

图 5-6　以太坊的编程语言

（1）信息分散：商流、物流、资金流信息分散在多个系统，使用不便，没有统一的全景视图。

（2）信用单一：企业信用沉淀在内部，仅限自证，没有在产业生态上形成"交叉增信"状态。

（3）融资困难：银行或其他资金方系统对接、业务核验的周期长，授信额度通常较小。

招商银行一链通通过将供应链与区块链进行结合，让信息具有统一的全景视图，信贷融资服务无须二次对接，使用基于区块链标准的资产定义，实现安全、通用的资产数字化，还可以根据产业链背景进行服务组合和定制，从而解决传统供应链存在的信息分散、信用单一、融资困难等问题。如图 5-7 所示为招商银行一链通平台中的供应链方案架构。

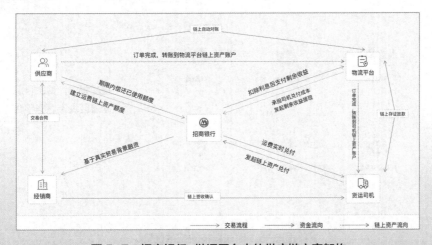

图 5-7　招商银行一链通平台中的供应链方案架构

041　区块链的核心技术是什么

通过上面的学习，我们对区块链所使用的技术有了一个大致的认识，那么区块链的核心技术有哪些呢？具体来说，区块链的核心技术包括动态组网、链式结构和共识机制，通过这三者的结合解决了分布式系统中的信息交互问题，从而建立一种信任机制，以实现点对点的传输，如图 5-8 所示。

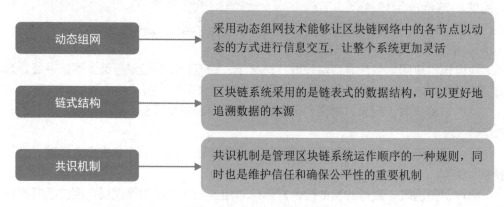

图 5-8　区块链的核心技术

例如，网录科技是一家专注于数据存证、数字资产、供应链金融、防伪溯源等领域的区块链技术企业，采用基于 Storeman 节点组的完全去中心化跨链机制，并且独创了具有完善委托机制的实用 POS 共识机制——星系共识(Galaxy Consensus)。如图 5-9 所示为网录科技的技术优势。

图 5-9　网录科技的技术优势

042　区块链有哪些常见的共识机制

如果说非对称加密技术让区块链系统具有不可篡改的特性，那么共识机制则让区块链系统具有去中心化的特性。区块链系统中的共识机制非常多，下面选取3种比较常见的进行介绍。

1. POW

POW(Proof of Work，工作量证明机制)的评估标准是工作量，以此来决定由谁来获得记账权，也可以简单地理解为"多劳多得，少劳少得"，其优缺点和主流币种如图5-10所示。

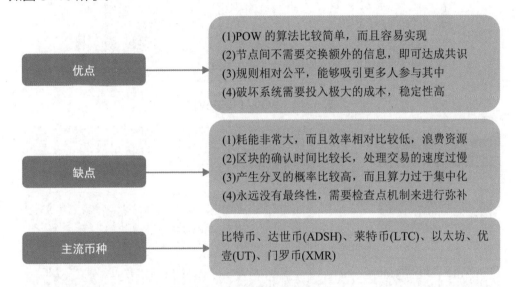

图 5-10　POW 的优缺点和主流币种

以比特币为例，POW 的证明过程其实就是"挖矿"，也就是通过解答"哈希函数"找到正确的哈希值，以此来证明自己完成了一定的工作量，进而获得比特币奖励，如图 5-11 所示。

2. POS

POS(Proof of Stake，权益证明机制)的评估标准是用户持有代币的数量和时长，以此来决定由谁来获得记账权，与股市投资中的分红制度相似，谁持有的股权数量越多、时间越久，谁获得的红利就越多。如图 5-12 所示为 POS 的优缺点和主流币种。

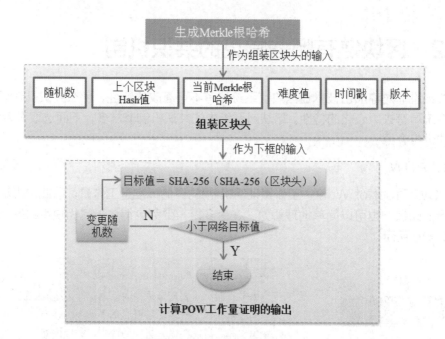

图 5-11 POW 的证明过程

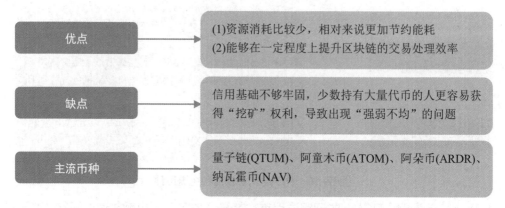

图 5-12 POS 的优缺点和主流币种

POS 能够弥补 POW 高能耗的不足之处,但缺陷也非常明显,那就是整个网络会逐渐演变成多中心化,从而导致信任基础不够牢靠。如图 5-13 所示为 POW 与 POS 的流程对比。

3. DPOS

DPOS(Delegated Proof of Stake,授权权益证明机制)与 POS 的原理差不多,但在 POS 的基础上增加了"委托"两个字,其不同之处在于节点会通过选举的方式产生若干代理人,并且由这些选出来的代理人进行验证和记账,与人大代表的选举制度类似。如图 5-14 所示为 DPOS 的优缺点和主流币种。

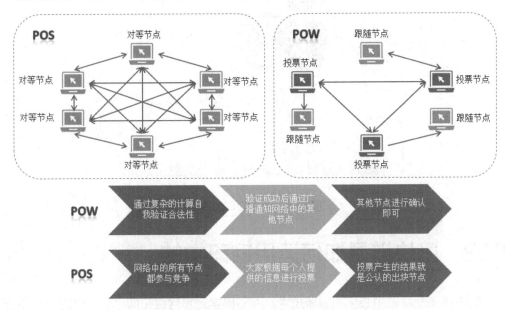

图 5-13　POW 与 POS 的流程对比

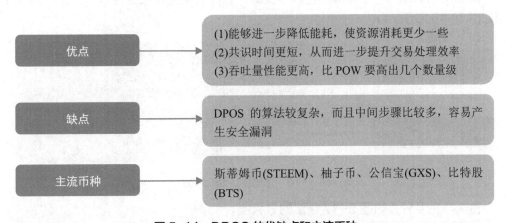

图 5-14　DPOS 的优缺点和主流币种

这里以一个项目为例介绍 DPOS 的原理：项目成员(用户节点)通过投票选出项目经理(超级节点)，然后由项目经理执行项目工作(生产并验证区块，即"挖矿")，同时维护整个项目(区块链)的运作，如图 5-15 所示。

图 5-15 DPOS 的原理

043　区块链是如何运用密码学的

区块链是一种去中心化的创新技术，而密码学则是网络空间比较安全的一种重要技术，在区块链的综合运用中大放异彩。

密码学的原理与"矛和盾的过程"类似，它包括编码学和破译学两部分，相关介绍如图 5-16 所示。

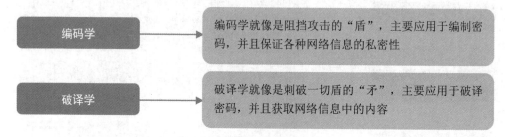

图 5-16 密码学的两个部分

密码学主要分为如图 5-17 所示的 3 大类。

那么，密码学在区块链中有什么作用呢？区块链是由一个个区块连接组成的，其中区块又包括了两个哈希值和一个存储空间。哈希值可以简单地理解为区块的"身份证号"，它就是利用密码学中的哈希算法产生的，具有唯一性和保密性的特点。

哈希算法可以对任意一个数据进行加密处理，并产生一个 256 位的不重复的加密结果。如图 5-18 所示，在该在线 Hash 计算器工具中，输入任意数据都能够得到不一样的输出结果。

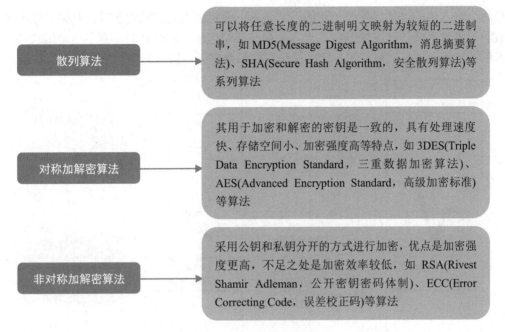

图 5-17　密码学的分类

图 5-18　在线 Hash 计算器工具

哈希算法通常有"碰撞阻力"和"隐蔽"这两个特性："碰撞阻力"是指没有任

意两个输入值的输出结果是一致的;"隐蔽"是指即使用户知道了输出结果,也不能破解得到输入值。在区块链中,当人为篡改某个区块中的数据时,则下一个区块中的哈希指针就无法与之对应了,因此这个区块链也将无法连接起来,如图 5-19 所示。

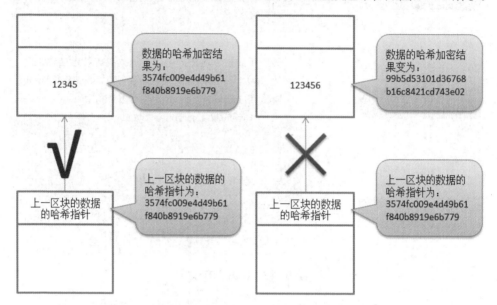

图 5-19　哈希算法在区块链中的应用

044　区块链的数据存储技术是什么

区块链是一种分布式的存储结构,各个相对独立的节点都会按照区块链存储完整的数据,同时它们的地位相等,并且可以在区块链中使用和存储数据。

区块链系统对所有节点上的数据进行自动同步和验证,而且全部数据对于所有节点来说都是透明的,它们都可以进行验证,而无须第三方提供验证服务。区块链的存储系统采用的是一种去中心化的基础架构,以此来存储和分发数据,相关流程如图 5-20 所示。

在区块链的基本技术架构中,最底层是数据层,其主要功能就是存储数据,而且将性能和易用性作为存储系统的选择原则。例如,比特币采用的数据层技术为谷歌的 LevelDB,这是一个非常高效的单进程数据库,拥有良好的读写性能,每秒写数据可超过 40 万,每秒随机读数据的性能超过 10 万。如表 5-1 所示为区块链的数据库和传统分布式数据库的性能对比。

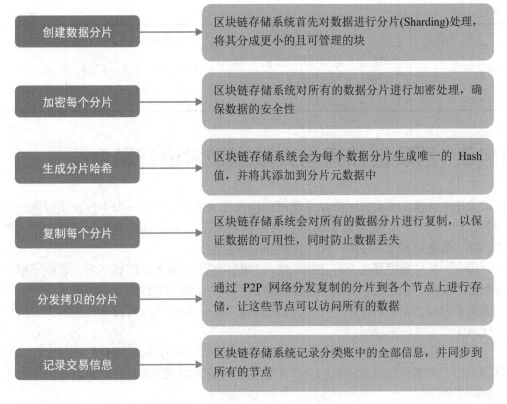

图 5-20　区块链存储和分发数据的流程

表 5-1　区块链的数据库和传统分布式数据库的性能对比

对比项目	区块链的数据库	分布式数据库	是否一致
数据分布性	不同地域； 不同机器	不同地域； 不同机器	是
对用户的透明性	内部架构对用户透明	内部架构对用户透明	是
管理的一致性	多管理入口(都可以出块)； 全局化控制	单一的管理入口； 全局化控制； 逻辑整体性	否
数据的安全性	全冗余备份； 单点作恶不影响全局； 单点错误不影响全局	有冗余备份； 单点作恶影响全局； 单点错误不影响全局	否

续表

对比项目	区块链的数据库	分布式数据库	是否一致
可扩展性	公链：可扩展性超强，可随时进出 联盟链：多节点控制下的可扩展性	中心化控制下的可扩展性	否
自治性	单点不可独立管理数据	单点可独立管理数据	否

045　区块链如何与大数据技术进行融合

关于大数据，维克托·迈尔·舍恩伯格在《大数据时代》一书中作出了形象而贴切的说明——"一切皆可数据化"。在笔者看来，这句话点明了两个无可辩驳的事实，即"数据是客观存在的"和"大数据的重要性"。

首先，从"数据是客观存在的"这一方面来说，不管人们听或不听，看或不看，数据都在那里，它不会因为人们的主观意愿而消失。数据是作为对人们过往行为留下的痕迹的累积，以及对未来行为的预测的客观存在，像空气一样弥漫在世界上，成为时代滚滚洪流中的主旋律。

其次，从"大数据的重要性"方面来说，既然"一切皆可数据化"，那么在各种事物进行了数据化和量化的基础上，大数据已经成为能描绘事物并对其进行更深一步了解的必要工具。

一般来说，大数据具有 4V 特征，即 Volume(体量大)、Velocity(实时性)、Variety(多样性)和 Value(有价值)，如图 5-21 所示。一些企业在应用大数据时，往往会固执地坚持这 4 个特征，没有具备这 4 个特征的数据，完全被抛在大数据范畴之外，不再作为企业进行智能决策时应该考虑的因素。

诚然，在应用时考虑大数据的这 4 个特征是正确的，但如果完全抛开其他不做考虑，难免过于片面。大数据的特征就决定了其本身的复杂性，而判断是主观的，在界定时也难免会产生偏差，从而错过了一些原本应该囊括在内的数据，就会因数据的"差之毫厘"而使结果"谬以千里"。

可见，在对大数据的理解上，无论是概念上认为的海量数据，还是应用上的必须符合大数据的 4 个特征，都是对大数据的片面理解，是容易产生错误和偏差的。因此，人们都应端正态度，认真而深刻地理解大数据，务必做到全面、精准。

作为一种分布式数据存储技术，区块链能够非常融洽地与大数据技术进行结合运用，具体体现在以下 3 个方面，如图 5-22 所示。

例如，基于区块链中的哈希加密算法的数据脱敏技术，可以在保护数据私密性的基础上实现数据的开放共享。如图 5-23 所示为中安威士数据库动态脱敏系统(简称

VS-DM),可以对数据库中的敏感数据进行在线的屏蔽、变形、字符替换、随机替换等处理,从而帮助客户降低生产库中敏感数据被泄露的风险。

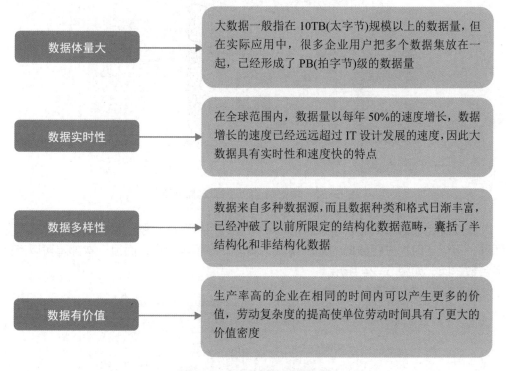

图 5-21 大数据的 4V 特征

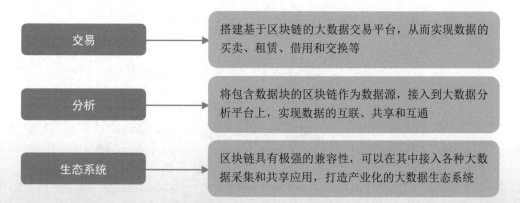

图 5-22 区块链与大数据技术的结合应用

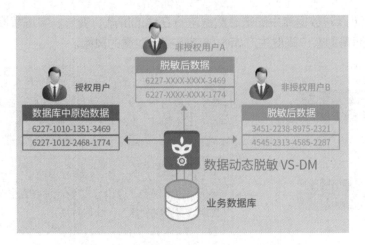

图 5-23　中安威士数据库动态脱敏系统

中安威士数据库动态脱敏系统的部署方案包括"直路部署"和"单臂代理部署"两种,可以实时地进行数据的动态脱敏、替换、隐藏等操作,而且一次部署可以支持多台数据库,如图 5-24 所示。

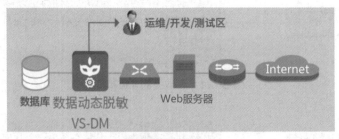

"直路部署"方案

"单臂代理部署"方案

图 5-24　中安威士数据库动态脱敏系统的部署方案

其实，从区块链技术的原理来看，它就是一种特定的数据库技术，其存储的数据具有可信任性、安全性和不可篡改性等优势。同时，区块链还可以进行数据资产的注册，其交易记录是完全透明的，能够获得全网认可，而且还可以追溯本源。

046　区块链如何与物联网技术进行融合

物联网(IoT)是互联网的一种拓展应用，通过智能感知技术、通信技术和识别技术实现了物流与网络之间的互联与协调。

在各种商业模式的运行过程中，物理上的各种终端设备需要实时互联互通，否则就没有办法实现以用户体验为中心的应需服务能力。所以，在物理上，首先要解决的就是终端设备间的互联互通，具体的技术体系就是物联网，如图5-25所示。

图 5-25　物联网

专家提醒

物联网和互联网有什么区别呢？互联网针对的是信息的沟通，仅限于人与人之间的连接，而物联网则是借助各种传感装置，把真实的物理世界变成虚拟的数字世界，让人与物、物与物之间实现精准对接。

物联网其实就是万物互联的意思，它不仅是对互联网的扩展，也是互联网与各种信息传感设备相结合而形成的网络，能够实现任何时间和地点"人、机、物"三者的相互连接。

互联网依旧是物联网的核心和基础，其网络通过以互联网为基础进行延伸和扩展，从用户端和人延伸到"人、机、物"这三者之间，并进行信息交换和通信。物联网的概念来源于传媒领域，在物联网的应用中有 3 个关键层，即感知层、网络层和应用层。

随着物联网的不断发展，目前的物体需要满足以下条件才能被纳入物联网的范畴，如图 5-26 所示。

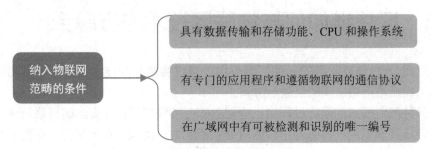

图 5-26　纳入物联网范畴的条件

物联网的发展给现有的互联网体系造成了极大的影响，同时也带来了一系列挑战，如海量数据的存储、数据的安全性以及多主体协调的问题。在技术和行业应用方面，区块链和物联网存在诸多相同之处，都具有较大的增长潜力，而且可以进行动态的集成应用，能够更好地促进行业的发展。

物联网和区块链这两种技术的融合，具备一些合作共赢的作用，而且还可以通过区块链的加密系统推动物联网的发展，如图 5-27 所示。

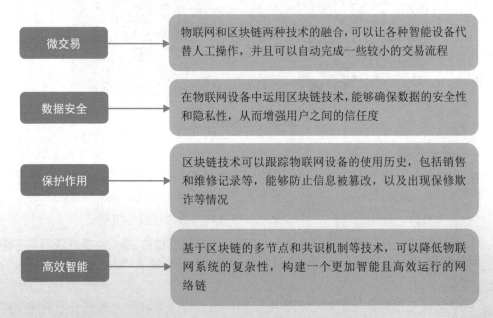

图 5-27　区块链与物联网技术的结合应用

万物互联 → 区块链底层的分布式总账系统就是一个"万物账本"，能够使万物互联和协作成为现实，从而让物联网中的设备可以进行智能化的自我管理

图 5-27　区块链与物联网技术的结合应用(续)

例如，Hawk Network 就是一个采用区块链分布式账本技术的智能物联网系统，该系统采用了更适合分布式物联网特性的 UPOS(Unlock + POS 的共识机制)共识算法，同时运用"主子链结构"实现跨链协议的互操作性，提高系统的运行效率，如图 5-28 所示。

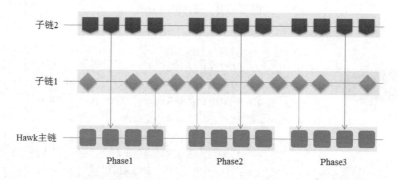

图 5-28　Hawk Network 的"主子链结构"

047　区块链如何与云计算技术进行融合

云计算(Cloud Computing)是互联网、虚拟化技术、共享资源等先进系统、技术相结合的产物，云计算的出现是计算机发明和升级后的又一重大转变。我们知道，在互联网虚拟架构中，中枢神经系统是核心层面，为互联网运作提供强有力的支持。从这一点看，云计算系统与互联网虚拟架构大致相同。

云计算可以分为公有云、私有云和混合云 3 种，如图 5-29 所示。公有云是云计算的主要形态，在国内发展得极为迅速。私有云比公有云的安全性更高，已经被大众所认可，如今也是发展得如火如荼。

云计算是由包括分布式计算在内的 6 大软件系统联合演进而成的产物，如图 5-30 所示。云计算的运作主要是将计算分布到各大计算机上进行处理，能够帮助用户按照自身需求访问计算机。

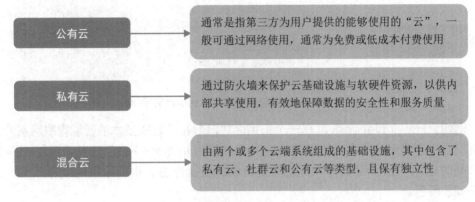

图 5-29 云计算的分类

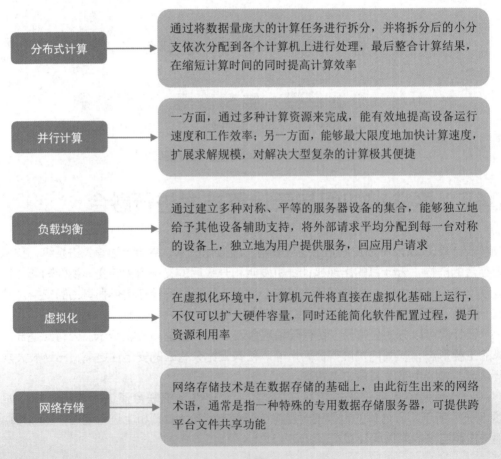

图 5-30 云计算的 6 大软件系统

| 效用计算 | → | 效用计算系统可以更好地帮助更多用户使用计算机资源，为用户提供更加便捷、高效的服务；同时，该系统能够最大限度地优化数据库运行速度，提升工作效率 |

图 5-30　云计算的 6 大软件系统(续)

云计算的应用如今已经是非常成熟了，它是一种按需分配的计算方式，而区块链则是一种信任体系，可以将其作为云计算的重要组成部分。例如，公有链与云计算是一种部署关系，云计算可以为公有链中的节点提供基础的运行环境和服务器资源。

对于企业来说，通过将云计算与区块链技术进行融合，不仅可以利用云计算已有的基础设施，快速、便捷且低成本地在多个领域开发与部署区块链，而且还可以基于区块链的去中心化和不可篡改的优势，让云计算系统变得更加"可信""可靠"和"可控制"。如图 5-31 所示为区块链与云计算技术进行融合的相关分析。

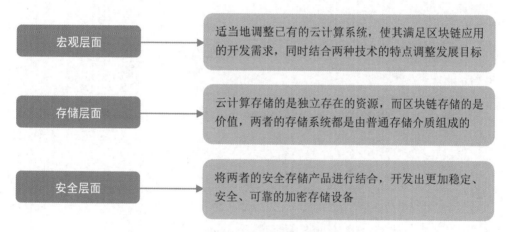

图 5-31　区块链与云计算技术进行融合的相关分析

例如，金山云数字供应链金融平台就是一个以云计算和区块链等技术为基础的数字供应链金融解决方案，其方案架构如图 5-32 所示。该平台以区块链的分布式账本、智能合约、共识机制等技术为客户提供服务，具有不可篡改、溯源等优势，同时配合金山云底层的云计算平台，为客户提供高效、安全的计算存储等服务。

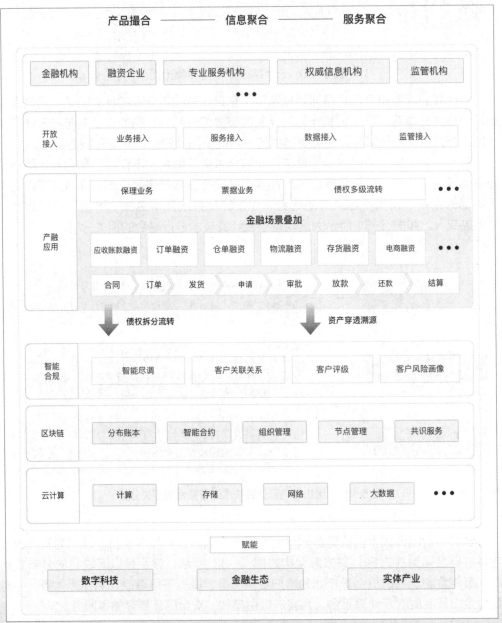

图 5-32 金山云数字供应链金融平台的方案架构

048 区块链如何与人工智能技术进行融合

如今，很多企业以互联网为基础，以大数据、云计算、区块链、人工智能等先进技术为手段，来改善产品开发、流通与销售的过程，重塑业态结构与生态圈，从而让行业从传统的价格消费时代转型为新的价值消费时代。

那么，人工智能是什么？这个问题从"人工智能"一词第一次出现时就一直饱受大众时热议。通俗地说，"智能"就是模拟人的思维信息过程，通过将人工智能技术与各行业进行有机结合，进而实现商业与生活真正进入"人工智能"的全新阶段。如图 5-33 所示为人工智能导购。

图 5-33 人工智能导购

山城一本作为世界人工智能领域的大咖，他发明的 PONANZA 程序，与美国 IBM 公司的超级国际象棋电脑"深蓝"，以及谷歌旗下的阿尔法狗并称为人工智能史上的 3 大标杆。同时，他提出了人工智能的 3 大核心技术，即机器学习、深度学习和强化学习，如图 5-34 所示。

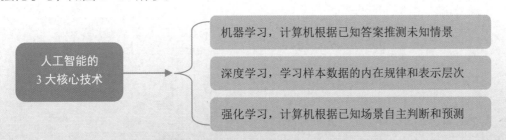

图 5-34 人工智能的 3 大核心技术

人工智能隶属于计算机学科，主要涉及怎样用人工的方法或者技术，让人的智能通过某些自动化机器或者计算机进行模仿、延伸和扩展，从而达到某些机器具备人类思考般的能力或脑力劳动的自动化。

人工智能的出现不是偶然，而是人类社会发展到一定程度的科学技术的产物。在古代，人类就已经学会制造和使用工具，并且利用这些工具改造自己所生活的环境；进入工业革命时代，机器的出现，解放了劳动者的手脚，并创造了越来越多的财富。

人工智能与区块链技术可以相互协作，从而推动彼此的发展，同时促进各行业的创新和转型，如图5-35所示。

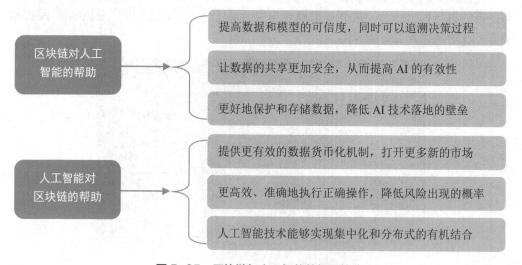

图5-35　区块链与人工智能的相互协作

第 6 章

发展探究：区块链的巨头平台

　　区块链技术在过去几年中获得了突飞猛进的发展，不仅有很多创新者和先驱者采用了这项技术开发各种落地化应用，而且越来越多的巨头平台也加入其中，共同努力将区块链转化为有形的应用成果。

049　国外区块链的产业现状如何

区块链技术在国外的应用呈现出 3 个特点，分别为联盟化、金融级和全盘布局，吸引了大量的大型商业机构、银行卡组织、科技公司和咨询公司等参与其中，并将优化和重构金融基础设施作为区块链应用的主要目的。如表 6-1 所示为国外相关机构和企业的区块链布局战略。

表 6-1　国外相关机构和企业的区块链布局战略

机构/企业	采用开源平台	自主开发项目	对外区块链服务	典型解决方案
IBM	Fabric	Fabric	IBM BaaS	供应链溯源、跨行积分通兑
Amazon	Fabric/Ethereum/Corda	AWS	AWS Managed Blockchain	跨境贸易、供应链管理、零售激励
Microsoft	Fabric/Ethereum	Azure Blockchain Service	Azure Blockchain Service	供应链溯源、资产管理
Oracle	Fabric	Oracle 区块链	Oracle BaaS	食品溯源
SAP	Fabric/Ethereum/Multichain	SAP Blockchain	SAP BaaS	供应链物流
Vmware	Fabric/Ethereum/DAML	Project Concord	VMware Blockchain	物流追溯
Google	Fabric/Ethereum	GCP BaaS	GCP BaaS	暂无

例如，俄罗斯区块链联盟是由 QIWI(支付服务商)、B&N Bank(B&N 银行)、Khanty-Mansiysk Otkritie Bank(汉特-曼西斯克银行)、Tinkoff Bank(盛宝银行)、MDM Bank(莫斯科商业世界银行)和 Accenture(埃森哲咨询公司)等企业和机构联合成立的，其主要目的在于创建区块链技术的共同标准，并不断地推出创新性的金融服务。

050　国内区块链的产业现状如何

如今，随着区块链底层技术的不断成熟、各种智能合约平台的涌现，以及政府监管力度的加强，区块链在国内的产业落地速度也在逐步加快，很多商业级应用已经成功落地。同时，大批传统主流经济力量和互联网巨头企业都已经进入区块链行业，进一步加快了区块链技术的落地速度。如表6-2所示为国内相关机构和企业的区块链布局战略。

表6-2 国内相关机构和企业的区块链布局战略

机构/企业	采用开源平台	自主开发项目	对外区块链服务	典型解决方案
国家信息中心&中国移动	Fabric	基础设施服务平台	BSN服务网络	暂无
阿里蚂蚁金服	Fabric/Ethereum	蚂蚁区块链	阿里云BaaS	供应链金融、政务服务、综合解决方案等
腾讯	Fabric	腾讯	腾讯云BaaS	供应链金融、政务服务、游戏
百度	Fabric/Ethereum	XuperChain	XuperEngine开发平台	跨链平台、版权保护
京东	Fabric	智臻链	京东BaaS	物流追溯、信贷风控
平安	Fabric	壹账链	平安FiMAX BNaaS	跨境贸易融资、资产证券化、物联网数据上链
迅雷	Fabric/Corda	迅雷链	迅雷链开放平台	电商平台、防伪溯源
万向	Ethereum	万向区块链	万向区块链平台	供应链金融、物流监控

例如，平安早在2016年3月便成立了区块链团队，并在这一年的5月加入R3区块链联盟，成为首家中国成员企业。2016年7月，平安首例区块链应用场景——投资服务平台上线，实现了产品发布及交易全流程通过区块链存证。

2017年6月，平安上线了基于FiMAX S3C底层框架的壹账链FiMAX平台。该平台具有管理便捷、性能优越、数据隐私安全、交互高效等4大优势，其底层框架如图6-1所示。

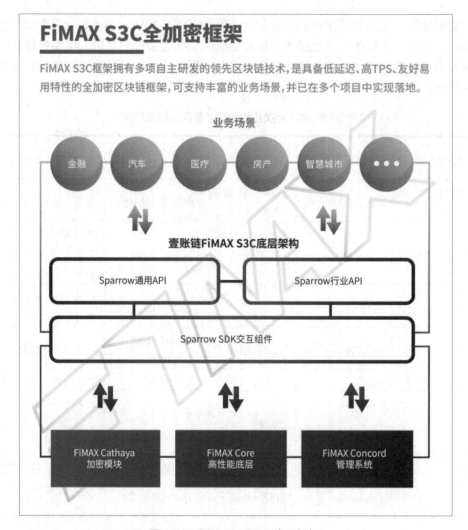

图 6-1　FiMAX S3C 底层框架

FiMAX S3C 底层框架的特点如图 6-2 所示。

另外，壹账链 FiMAX 平台不仅采用了独创的全加密框架技术，而且还采用了重塑区块链隐私机制的 3D 零知识证明算法，有助于构建去中心化的商业网络生态，其产品优势如图 6-3 所示。

目前，从国内的区块链技术应用场景和各个区块链项目来看，供应链金融是最成功的一个落地应用。例如，由平安区块链(壹账链 FiMAX)携手中小银行互联网金融联盟(IFAB)，共同打造的基于区块链技术的贸易融资网络，有助于金融机构提高融资效率，降低欺诈风险，实现金融创新，如图 6-4 所示。

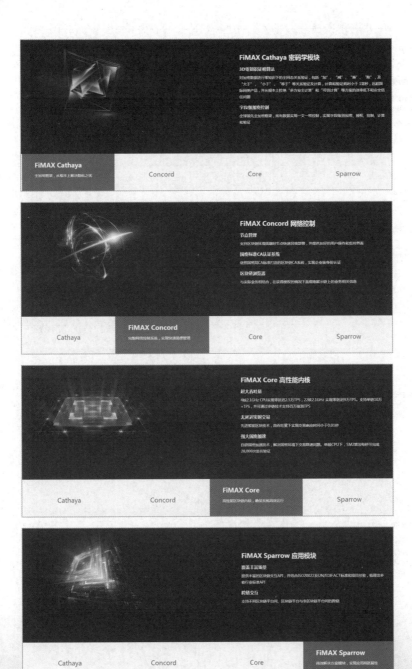

图 6-2 FiMAX S3C 框架的特点

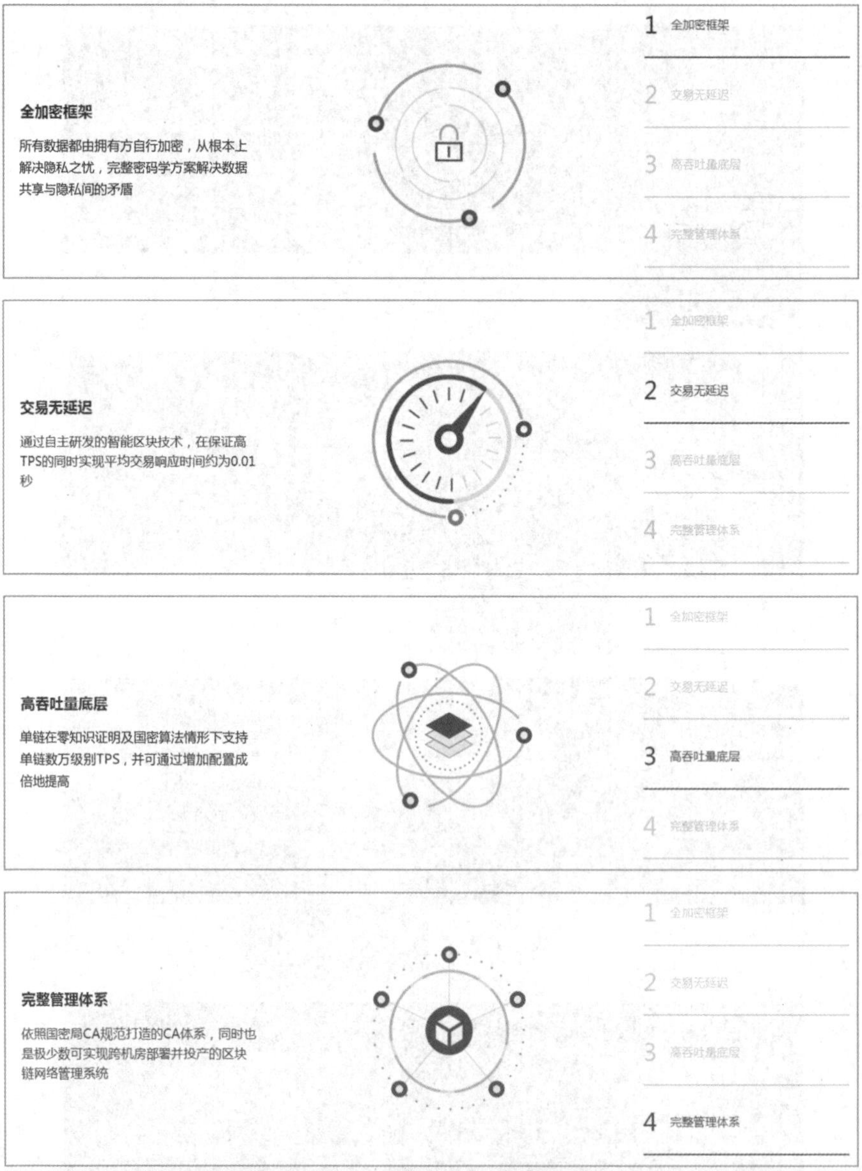

全加密框架
所有数据都由拥有方自行加密，从根本上解决隐私之忧，完整密码学方案解决数据共享与隐私间的矛盾

1 全加密框架
2 交易无延迟
3 高吞吐量底层
4 完整管理体系

交易无延迟
通过自主研发的智能区块技术，在保证高TPS的同时实现平均交易响应时间约为0.01秒

1 全加密框架
2 交易无延迟
3 高吞吐量底层
4 完整管理体系

高吞吐量底层
单链在零知识证明及国密算法情形下支持单链数万级别TPS，并可通过增加配置成倍地提高

1 全加密框架
2 交易无延迟
3 高吞吐量底层
4 完整管理体系

完整管理体系
依照国密局CA规范打造的CA体系，同时也是极少数可实现跨机房部署并投产的区块链网络管理系统

1 全加密框架
2 交易无延迟
3 高吞吐量底层
4 完整管理体系

图 6-3　壹账链 FiMAX 平台的产品优势

图 6-4　基于区块链技术的贸易融资网络应用场景

区块链技术产业应用的发展，其主要竞争优势在于"区块链技术 + 行业经验"。从 2018 年开始，整个区块链产业的企业数量增长速度非常快，年均增速达到了 109.41%，截至 2020 年年底区块链的市场规模约为 1463.8 亿元。未来，围绕区块链这一新兴技术，相关的落地应用会越来越多。

051　腾讯的区块链平台有何特点

腾讯从 2015 年就开始布局区块链平台，同时成立了区块链研究团队，并确认了技术路线，推出了腾讯区块链平台，如图 6-5 所示。

图 6-5　腾讯区块链平台

腾讯区块链平台基于区块链技术的分布式、去中心、自主性等特征，尽可能地在业务开展过程中弱化各个节点对中心化设施的依赖，并且能全流程地解决应用全生命周期的问题，其整体应用框架如图 6-6 所示。

图 6-6　腾讯区块链平台的整体应用框架

腾讯区块链主要包括腾讯 TrustSQL 和 BaaS 开放平台两部分。其中，BaaS 开放平台是一个企业级的区块链应用开放平台，客户可使用测试链进行服务测试或搭建自己的专属联盟链，其整体架构设计如图 6-7 所示。

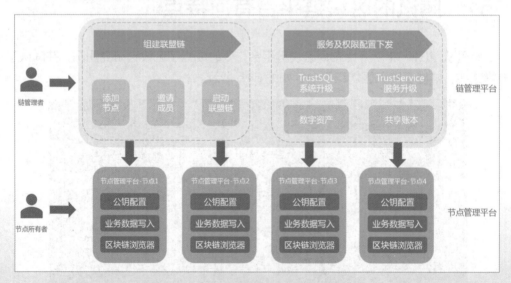

图 6-7　BaaS 开放平台的整体架构设计

BaaS 开放平台包括链管理平台和节点管理平台两部分：链管理平台是一个中心

化管理平台，主要负责链的创建，以及链、节点和成员的管理，如图 6-8 所示；节点管理平台则是一个去中心化管理平台，主要用于帮助客户管理业务数据和进行公钥配置。

图 6-8　链管理平台

另外，为了更好地满足客户的不同需求，BaaS 开放平台还推出了测试链和专属联盟链的管理服务。例如，客户可以根据自己的业务需求，创建能够用于实际生产环境的专属联盟链，如图 6-9 所示。

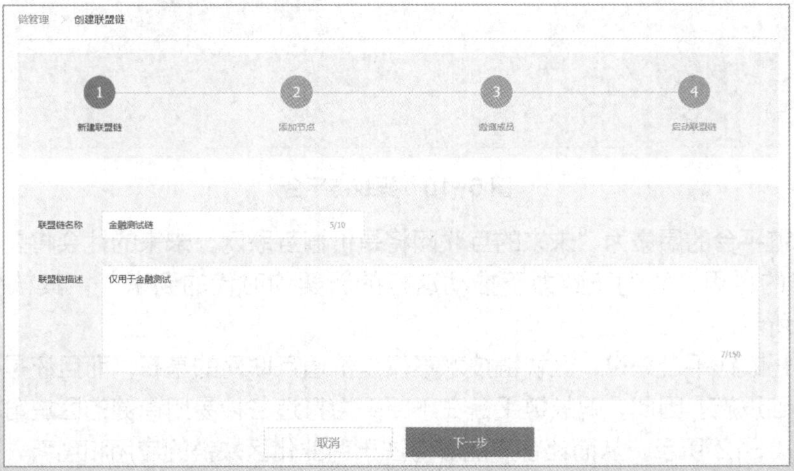

图 6-9　创建联盟链

腾讯区块链支持多种 BFT(Byzantine Fault Tolerance，拜占庭容错)共识算法，客户可以根据业务场景进行配置，从而达到最优的使用效率。腾讯区块链还支持 SPV(Simplified Payment Verification，简单支付验证)节点技术，这样节点只用保存区块头和 Merkle 树哈希值的数据，帮助企业低成本快速地接入区块链平台。

另外，腾讯区块链还支持海量数据存储，可以记录的数据达 10 亿级以上，并且可存储无限容量的块文件。同时，腾讯区块链还采用了智能合约技术，支持兼容 EVM(Ethereum Virtual Machine，以太坊虚拟机)的 Solidity(Ethereum 的一种契约型编程语言)智能合约，可以自定义访问策略以实现权限控制。

052 阿里巴巴的区块链平台有何特点

阿里巴巴的蚂蚁金服将区块链的主要研究方向放在了生产级基础设施底层技术上，如共识机制、平台架构、隐私保护和智能合约等。如图 6-10 所示为蚂蚁金服推出的蚂蚁链平台。

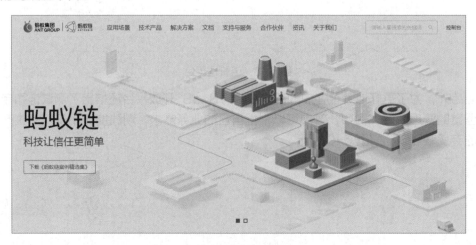

图 6-10 蚂蚁链平台

蚂蚁链平台的愿景为"未来的互联网将是价值互联网，未来的社会将是高效、透明、协作的世界，我们正致力于推动这样的新契约时代的到来"，其核心优势如图 6-11 所示。

对于蚂蚁链平台来说，区块链技术不仅是价值互联网的基石，而且还是数字时代的重要基础设施。因此，蚂蚁链平台在不断努力打造各种易用稳健的区块链技术和产品，如图 6-12 所示，从而让客户能够专注于商业化区块链的应用和创新，让区块链充分激发信任商业时代的潜力。

图 6-11 蚂蚁链平台的核心优势

图 6-12 蚂蚁链平台的技术产品

蚂蚁链平台通过多年的区块链实践应用,持续打造了多个基于区块链的解决方案,以助力提升新形态的客户体验和运营效率,同时开拓新的业务模式,让区块链加速实现商业化价值,如图 6-13 所示。

下面介绍一些热门的蚂蚁链产品。

(1) 蚂蚁链 BaaS 平台:拥有高性能、强隐私保护等特点,能够为客户提供一站式的应用开发服务,帮助客户轻松快速地基于自身业务场景来搭建各种区块链应用,从而助力实体经济发展,其能力和特点如图 6-14 所示。

图 6-13 蚂蚁链平台的解决方案

图 6-14 蚂蚁链 BaaS 平台的能力和特点

（2）蚂蚁链一体机：这是基于区块链技术特色而推出的一款"软硬一体化"服务器，集成了自主研发的区块链密码卡、区块链网络共识加速器、区块链安全计算硬件和可控 BaaS 平台，具备自主研发区块链密码卡、强隐私和高安全等优势，为客户提供开箱即用、快速部署落地的交付方式，如图 6-15 所示。

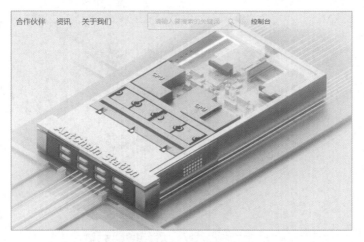

图 6-15 蚂蚁链一体机

（3）蚂蚁链摩斯多方安全计算平台：该平台采用多方安全计算和区块链等技术，帮助企业解决数据协同计算过程中的数据安全和隐私保护问题，能够支撑在实际生产环境下的复杂数据安全计算任务，其产品特点如图 6-16 所示。

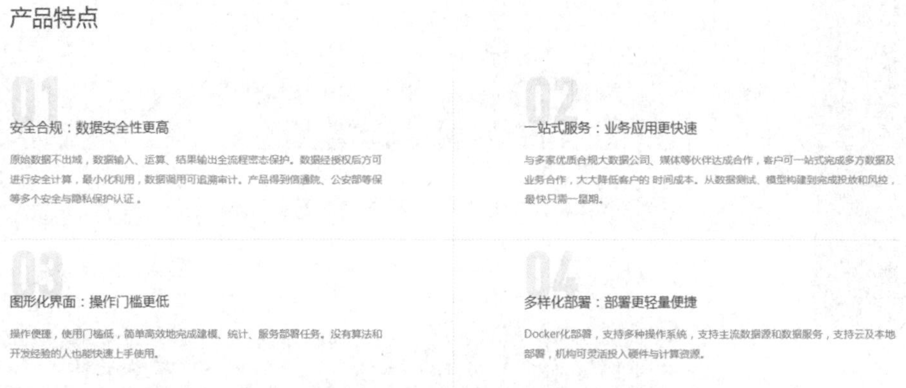

图 6-16 蚂蚁链摩斯多方安全计算平台的产品特点

053 百度的区块链平台有何特点

百度智能云区块链平台通过与自身的人工智能、大数据等技术进行深度融合，创新结合区块链技术，推出了百度区块链引擎 BBE、可信计算平台、可信数字身份、可信跨链平台、可信版权保护、存证解决方案等标准化产品，以及 200 多篇技术专利，其产品结构如图 6-17 所示。

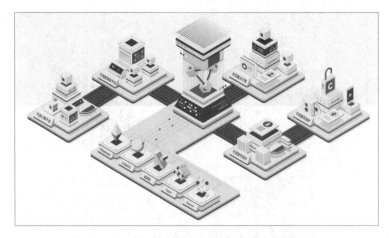

图 6-17　百度智能云区块链平台的产品结构

百度智能云区块链是一个位于云端的一站式区块链赋能中心，为企业客户提供众多的区块链技术和产品能力。如图 6-18 所示为百度智能云区块链的技术栈架构。

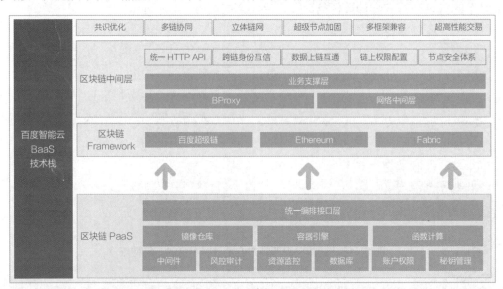

图 6-18　百度智能云区块链的技术栈架构

百度智能云区块链平台采用了云端先进的技术架构和能力，深度融合了"人工智能＋大数据＋云计算＋物联网＋区块链"技术，同时提供"人工智能＋区块链""物联网＋区块链"等创新型技术解决方案，打造行业区块链的整体改造方案，赋能金融、物联网、司法、医疗、游戏等行业，有效地推动了区块链普及，降低了使用门槛。

图 6-19 为百度智能云 BaaS 产品体系。

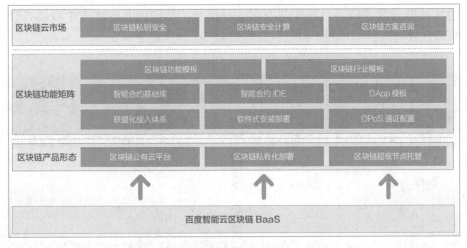

图 6-19 百度智能云 BaaS 产品体系

例如,百度区块链引擎 BBE(Baidu Blockchain Engine)是一个可快速搭建区块链网络的 BaaS 平台,能够与以太坊(Ethereum)、超级账本(Hyperledger Fabric)、百度自研超级链(Xuper Chain)等主流框架进行完美兼容。客户根据自身的业务场景选择合适的框架,即可快速构建出高稳定性、高吞吐、安全可信的区块链网络。同时,百度区块链引擎 BBE 平台还提供了丰富的智能合约基础库,帮助客户更加简单、快速地实现业务与区块链的融合。如图 6-20 所示为百度区块链引擎 BBE 平台的整体架构。

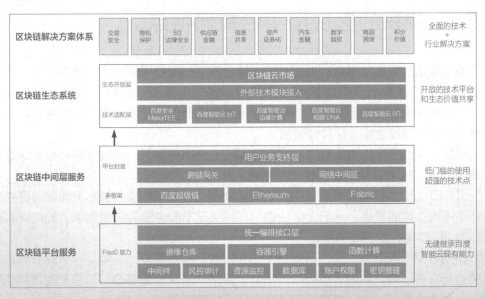

图 6-20 百度区块链引擎 BBE 平台的整体架构

百度智能云区块链平台正是基于区块链技术，帮助企业构建去中心化的协作模式，促进企业间的互信互利。其方案优势如图 6-21 所示。

图 6-21　百度智能云区块链平台的方案优势

054　京东的区块链平台有何特点

京东推出的智臻链平台，根据其发布的白皮书作出的相关解释，其中"智"代表智能技术，"臻"代表美好生活的愿景，"链"寓意了"连接、共建、共治、共享"，三个字连起来的含义为："京东将运用区块链这一智能技术，以服务人们美好生活为目标，连接合作伙伴共创价值。"

根据区块链系统的功能层次，JD Chain 分为网关服务、共识服务、数据账本和工具 4 部分，其功能模块如图 6-22 所示。

JD Chain 主要通过节点来进行信息的交互，在同一物理服务器上能够部署并运行多个不同类型的节点，从而让区块链更好地满足不同企业的应用需求。如图 6-23 所示为 JD Chain 的部署模型。

如图 6-24 所示为 JD Chain 的中小企业应用部署模型，其中，客户端节点和网关节点都只有一个，共识节点可以根据共识算法的要求部署多个，这是能够支持 JD Chain 运行的最低配置，但同样可以满足亿级交易的需求。

图 6-22　JD Chain 的功能模块

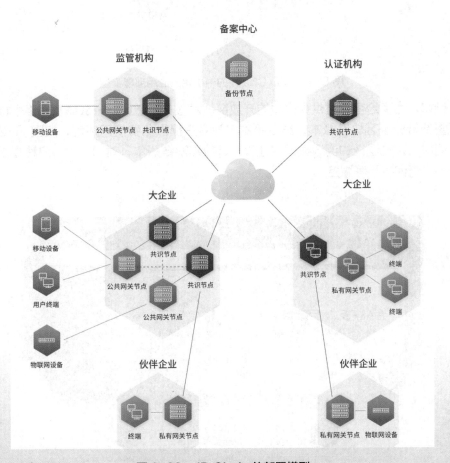

图 6-23　JD Chain 的部署模型

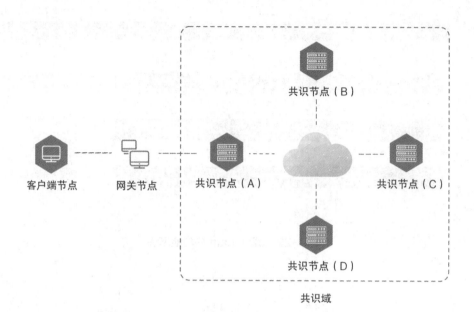

图 6-24 JD Chain 的中小企业应用部署模型

例如，为了给客户提供更优质的开放链技术服务，智臻链开放联盟网络根据业务类型重新拆分了区块链账本，线上版本将为客户提供免费使用环境，如图 6-25 所示。同时，正式运行的溯源数据将迁移至开放溯源链账本，对 ToB 客户独立提供溯源背书、查询校验等服务。

图 6-25 智臻链开放联盟网络平台

JD Chain 具有单链高性能、多层共识网络、联合权限控制、标准化账本数据、大规模节点共识、强安全隐私等多种技术特性，如图 6-26 所示，适用于供应链追溯、金融支付、医疗健康、爱心公益、绿色能源、文化娱乐等应用场景。

图 6-26　JD Chain 的技术特性

055　中国移动的区块链平台有何特点

中国移动推出的移动云区块链服务平台，不仅可以帮助用户创建和管理企业级的区块链系统，还提供了生产级的运行管理，用户可以通过可视化的界面实现区块链网络的快速构建、动态扩容、链码管理、运行监控等功能，如图 6-27 所示。

图 6-27　移动云区块链服务平台

移动云区块链服务平台的产品功能包括区块链浏览器、组织管理、通道管理、联盟管理、合约管理和安全监控等。

(1) 区块链浏览器：可以查询区块链的相关信息，同时还可以可视化管理区块链数据。

(2) 组织管理：能够动态管理由区块链成员构建的组织，如图 6-28 所示。

图 6-28　组织管理功能

(3) 通道管理：能够创建和动态管理区块链中的不同通道，如图 6-29 所示。

(4) 联盟管理：包括联盟链网络创建和动态管理功能，如图 6-30 所示。

专家提醒

联盟管理支持申请添加组织、邀请组织、投票管理等功能。例如，用户可以通过邀请组织功能，将外部成员邀请到联盟内。

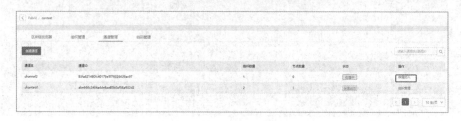

图 6-29　通道管理功能

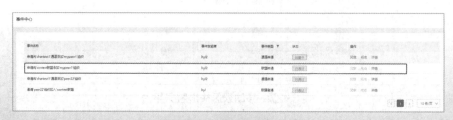

图 6-30　联盟管理功能

(5) 合约管理：对于从开发合约到最终实例化的流程，都可以实现全生命周期的管理。

(6) 安全监控：实时监控区块链网络的安全，并进行全方位的安全管理。

移动云区块链服务平台的应用场景包括供应链金融、智慧政务和商品溯源等，可以为各行业提供分布式底层基础设施技术支持。以供应链金融应用场景为例，相关企业或机构采用移动云区块链服务平台的区块链技术，可以实现凭证的"可拆"（可拆分）、"可转"（可转让）和"可融"（可融资），能够有效地降低产业链的整体融资成本。相关业务流程如图6-31所示。

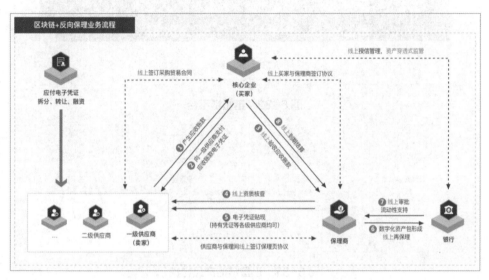

图 6-31　供应链金融应用场景的相关业务流程

056　迅雷的区块链平台有何特点

由迅雷公司推出的迅雷链(Thunder Chain)是一个具有百万 TPS(Transaction Processing Systems，事务处理系统)、高并发、秒级确认能力的高性能区块链平台，能够帮助用户更加便捷地开发区块链应用，以及快速开发和部署智能合约，轻松地将自己的产品和服务上链，如图 6-32 所示。

迅雷链采用 BaaS 平台作为底层系统，可以帮助用户有效地降低开发成本和开发量，让用户可以结合自身的业务场景快速部署自有联盟链系统和落地区块链应用，从而赋能实体经济优化升级，其产品特性如图 6-33 所示。

在迅雷链的基础上，迅雷公司还推出了合约开放平台，为用户提供稳定、快速、低成本的智能合约区块链服务，适合金融、电商、游戏、社交等各种行业。用户使用手机号码注册迅雷链合约开放平台的账号，即可使用智能合约功能。注册流程如

图 6-34 所示。

图 6-32　迅雷链平台

图 6-33　迅雷链的产品特性

图 6-34　迅雷链合约开放平台的注册流程

专家提醒

个人开发者必须先进行个人信息认证，企业开发者也需要先进行企业认证，认证后才能使用智能合约功能。

迅雷链还推出了区块链浏览器功能，在首页可以看到智能合约的交易总数、账户总数和合约总数，同时下面还会显示相关的合约列表，如图6-35所示。

图6-35 迅雷链的浏览器功能

在浏览器首页的搜索框中输入合约地址、交易Hash、账户地址等关键字，即可搜索查看相关合约的名称、状态、关联应用、交易情况和源代码，如图6-36所示。

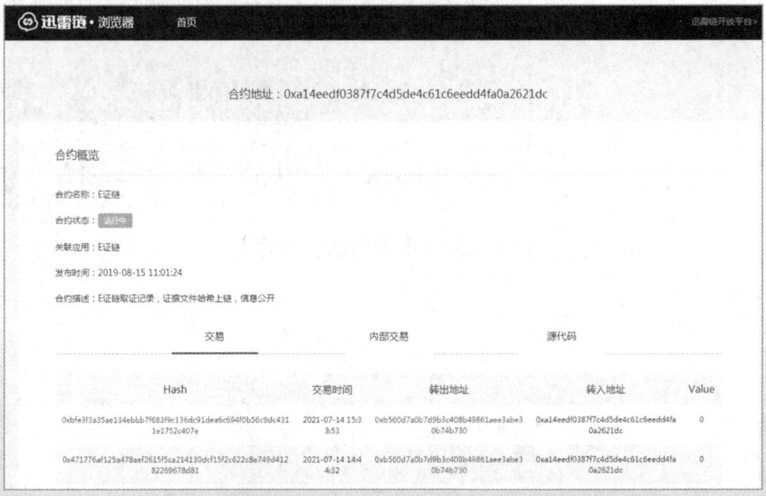

图6-36 搜索查看合约详情

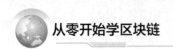

迅雷链依托于迅雷多年的分布式技术沉淀和数亿级用户基础,为数百万活跃用户共享迅雷链生态,打造高效、便捷、专业的区块链服务。

057 未来全球的区块链趋势是什么

如今,信任已经成了一种非常宝贵的资产,区块链作为传递信任的技术,其价值也越来越凸显,并在很多需要跨境、跨行业、跨产业协作的分布式商业应用场景中大显身手。未来,全球的区块链市场规模将得到高速增长,其发展趋势如图6-37所示。

```
                        ┌─ 技术不断迭代更新,公有链和私有链将深度融合
                        ├─ 应用场景日渐丰富,跨链技术将实现大规模应用
                        ├─ 国内外的标准化组织将纷纷争夺标准化制定权
                        ├─ 基于区块链信任价值的可编程社会将成为现实
    区块链的发展趋势 ──┤
                        ├─ 市场上将催生大量基于区块链的新产业和新模式
                        ├─ 形成多样化隐私保护机制,促进与实体经济的结合
                        ├─ 区块链工作将变得更加普遍,对人才的需求量将更大
                        ├─ BaaS成为热门,用户可随意购买基于区块链的产品
                        └─ 政府将继续研究区块链,并将带来政策监管问题
```

图 6-37 区块链的发展趋势

第 7 章

实战案例:区块链在金融领域的应用

　　金融的本质与区块链技术非常契合,都是以信任为基础,具有天然的匹配性,因此区块链技术在金融行业的应用场景非常多。对金融行业来说,"供应链金融+金融区块链"的模式是打开新蓝海市场的钥匙。

058 区块链与金融创新有哪些结合点

作为一种计算机底层的技术方案，区块链的主要目的在于解决信任问题，让价值能够进行自由传输。尤其对于金融行业来说，区块链技术的各种特性具有非常重要的作用，如图 7-1 所示。

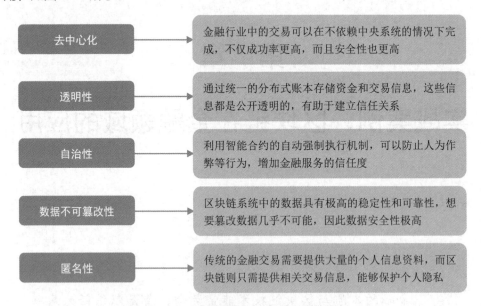

图 7-1　区块链的特性对金融行业的作用

总的来说，区块链能够有效解决金融行业中的一些难点和痛点，因此彼此的结合点也非常多，如图 7-2 所示。

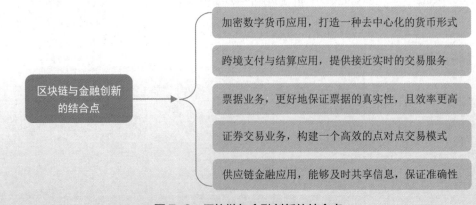

图 7-2　区块链与金融创新的结合点

059 区块链在供应链金融中有何应用

传统供应链金融行业中存在如图 7-3 所示的痛点。

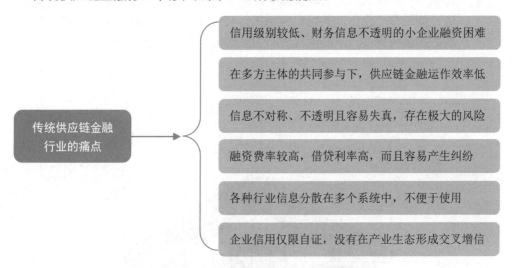

图 7-3 传统供应链金融行业的痛点

通过结合金融供应链与区块链技术，不但能够提高平台的风控能力，实现低成本融资，而且还可以提升平台的业务效率，增加机构营收，同时还能够将平台授信辐射至多级供应商，带来更多的目标客户。图 7-4 所示为在供应链金融中运用区块链技术的相关优势。

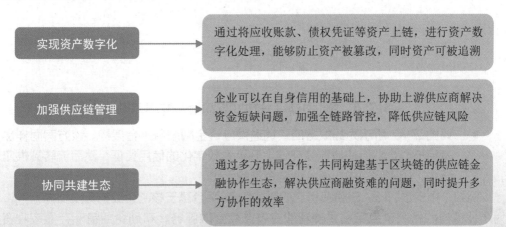

图 7-4 在供应链金融中运用区块链技术的相关优势

区块链技术可以解决中小企业与金融机构之间的信息不对称问题，推动核心企业信用穿透多级供应商，同时解决部分中小微企业的融资难题。下面介绍一些主流区块链平台的供应链金融解决方案。

- 如图 7-5 所示为腾讯区块链平台的供应链金融解决方案架构。该方案主要通过帮助核心企业向各级供应商发行应收账款，将其融资需求上链共享，形成数字债权凭证，从而提升资产的流动性，并降低融资成本。

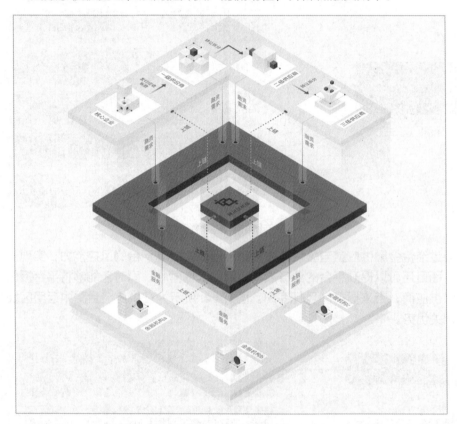

图 7-5　腾讯区块链平台的供应链金融解决方案架构

- 如图 7-6 所示为蚂蚁链的双链通供应链金融服务平台架构。该方案同样也是将核心企业的应收账款在链上升级为数字化的信用凭证，然后流转到供应链中，用来解决中小微企业融资难的问题。

例如，平安银行 SAS(供应链应收账款服务)平台基于核心企业的真实贸易背景，为产业链内的各级供应商提供便利的应收账款金融服务，帮助企业盘活存量应收资产，更好地为实体经济服务。其业务模式如图 7-7 所示。

SAS 平台采用了壹账链 FiMAX 的区块链技术，确保平台上所有的交易信息都可以做到精准溯源且不可篡改，同时建立了互信机制，保障核心企业能够有效传递信用价值，并降低信用违约风险。

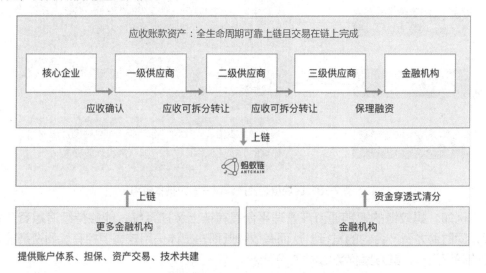

图 7-6　蚂蚁链的双链通供应链金融服务平台架构

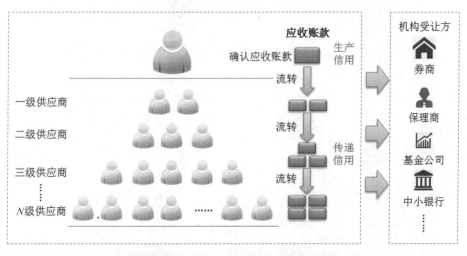

图 7-7　SAS 平台的业务模式

060　区块链在资产管理方面有何应用

利用区块链技术搭建的资产管理平台具有灵活、可信和多元化的特点，能够更好地帮助企业将底层资产上链，而且还可以记录原始资产从生成至打包证券化的全流程，真正实现信用资产底层穿透。其基本应用如图 7-8 所示。

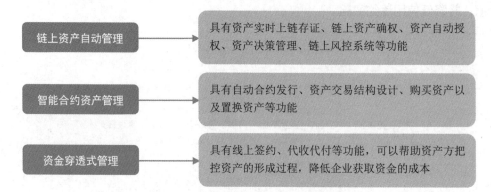

图 7-8　区块链在资产管理方面的基本应用

例如，蚂蚁链的双链通资产管理平台具有链上风控系统，能够持续追踪资产情况，同时助力资产合约的发行，从而有效降低那些主体信用较弱但拥有优质资产的企业的融资门槛，其方案优势如图 7-9 所示。

秒级资产穿透增信

秒级链上资产风控分析引擎，助力穿透式洞察底层资产明细，使得结构化资产更透明可信。

金融级联盟链隐私保护

原始资产信息以及状态变化信息实时上链，并通过金融级安全及隐私技术开放给链上各参与方查证。

实时风控分析引擎

实时披露资产发行、融资和管理过程的金融风险，对逾期还款等关键指标进行多维洞察，实时进行风险报警。

多元化的资产管理场景

适用于消费金融、汽车金融、设备分期、应收应付等资产类型以及 ABS、信托、转让、质押等金融场景。

图 7-9　蚂蚁链双链通资产管理平台的方案优势

再如，百度智能云区块链可信金融模块中的资产证券化应用功能，具有资产生成的信息全透明、资产记录安全可溯源、提升证券化效率等优势，其方案架构如图 7-10 所示。

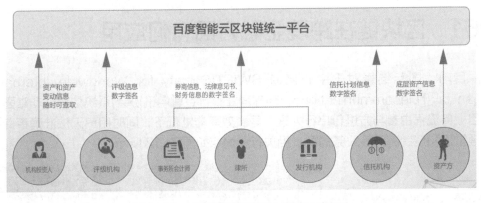

图 7-10 资产证券化应用功能的方案架构

企业可以将基础资产信息同步到区块链系统上，同时利用区块链的分布式账本和不可篡改特性改善传统的底层资产审计方式，更好地把控资产安全。利用区块链能够保证进入资产池中的资产的真实性，同时可提供真实的数据依据为资产进行合理定价。另外，区块链系统还可以第一时间发现底层资产中存在的风险，并可以通过智能合约进行自动处理，防止约定的风险处理条款无法及时执行。

例如，京东数科推出的区块链 ABS(Asset-Backed Securities，资产证券)标准化解决方案，通过搭建 ABS 联盟链的方式，为资产方、投资方、服务方等各交易参与方快速部署区块链节点，让多节点信息保持高效同步，同时确保资产信息不可篡改，有效监控资产风险，并提高资产的发行效率，降低资产的发行成本。其业务流程如图 7-11 所示。

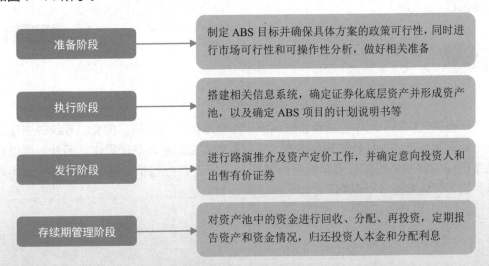

图 7-11 区块链 ABS 标准化解决方案的业务流程

061 区块链在跨境金融方面有何应用

目前，国际结算对于中心化的 SWIFT(Society for Worldwide Interbank Financial Telecommunications，环球同业银行金融电讯协会)系统依赖性非常强，而且业务流程由参与方进行串行处理，导致效率非常低下，同时用户无法准确查询到处理进度和资金流向等业务情况，相关行业痛点如图 7-12 所示。

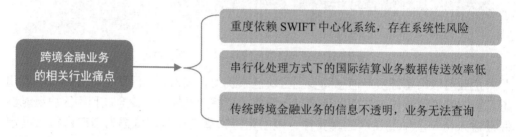

图 7-12 跨境金融业务的相关行业痛点

通过在跨境金融场景中应用区块链技术，将国际结算业务的数据上链，可以实时追踪业务信息，而且还可以实现跨境服务的兼容性。例如，招商银行的一链通区块链平台中的跨境金融系统能够提供分布式的稳定服务，而且支持业务并行处理和透明对账。其方案架构如图 7-13 所示。

图 7-13 跨境金融系统的方案架构

一链通区块链平台中的跨境金融系统采用标准化的 SWIFT 报文，系统改造成本低，同时参与者作为平台管理参与方，可以有效避免违规和非法操作。另外，跨境金融系统还能够动态追踪和展示业务所处环节、历史经办记录，帮助用户进行透明对账，相关优势如图 7-14 所示。

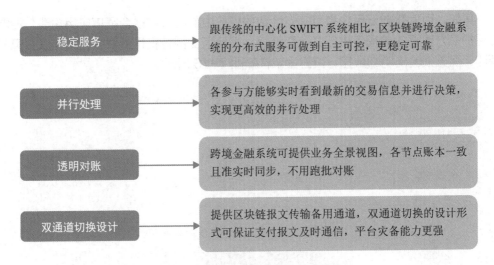

图 7-14 跨境金融系统的方案优势

062 区块链在征信数据方面有何应用

数据难以共享，信息不对称，数据采集渠道有限，隐私数据泄露，这些都是传统征信的行业痛点。区块链技术能够帮助供应链金融平台构建征信体系，加强风险防范与监管，为企业征信提供高效的数据共享服务。

基于区块链的共识机制和隐私保护等技术，可以让数据共享和流转环境变得更加安全可信，同时还可以提供数据鉴权、追溯、审计等能力，从而打通数据壁垒，提升数据流转和使用效率。

例如，蚂蚁链的可信数据服务平台具有数据价值可信流通、数据资源安全共享以及数据操作流程可追溯等优势，能够确保多方数据主权共享共治，其产品功能如图 7-15 所示。

图 7-15 蚂蚁链可信数据服务平台的产品功能

再如，百度智能云区块链可信安全数据模块中的区块链联合征信应用功能，能够在保护多方数据的前提下进行共享和计算，而且还支持跨机构的联合建模与联合风险预测，而无须输出明细数据，其方案架构如图 7-16 所示。

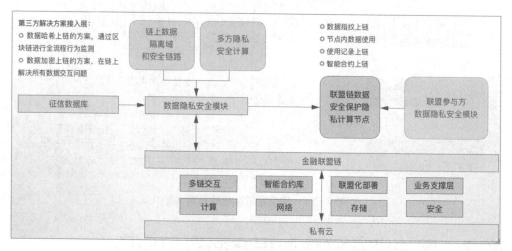

图 7-16　区块链联合征信应用功能的方案架构

区块链技术可以实现数据共享与协作，打破信用数据孤岛，降低征信运营成本，以及保护数据隐私。例如，迅雷链的征信数据共享平台利用区块链具备数据不可篡改的特性，通过优化结算方式，促进数据源贡献数据，让征信结果更加真实可靠，并有效提升征信效率，其方案价值和应用案例如图 7-17 所示。

图 7-17　迅雷链征信数据共享平台的方案价值和应用案例

063 区块链在保险领域有何应用

我国保险行业的发展非常迅速，不管是保费的收入还是增速都保持了持续的增长。中国银保监会发布的保险行业经营统计数据显示，截至 2020 年底，保险业累计实现原保险保费收入 4.52 万亿元，同比增长 6.1%，如图 7-18 所示。

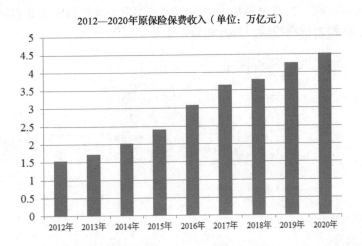

图 7-18 2012—2020 年原保险保费收入(数据来源：中国银保监会、中国国家统计局)

随着保险业的发展企稳，近年来保险深度也在平稳增长，如图 7-19 所示。保险深度是指一个国家的全部保费收入与该国的 GDP 总额的比率，是衡量其保险市场发展程度和潜力的一个重要指标。

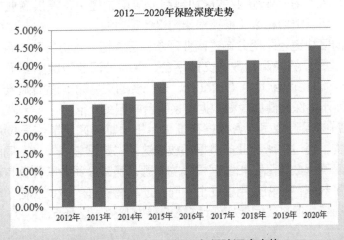

图 7-19 2012-2020 年保险深度走势

但是，中国保险业在保险深度方面仍然有很大的发展空间，主要原因在于国内保险行业存在客户信任度差、中介化程度高、风控及反欺诈等诸多痛点。

保险机构是传统保险业务中的关键部分，能够全面掌控资金归集、投资和理赔等事务，因此其运营和管理成本非常高。在保险行业中利用区块链技术，可以通过互助保险的模式让资金的归集和分配变得透明化，有助于降低管理成本。

例如，百度智能云区块链可信安全数据模块中的区块链保险大数据应用功能，通过将区块链与物联网、大数据等技术进行结合，保障车险信息的流转做到全流程的监测和透明化，并助力精准投险，其方案架构如图7-20所示。

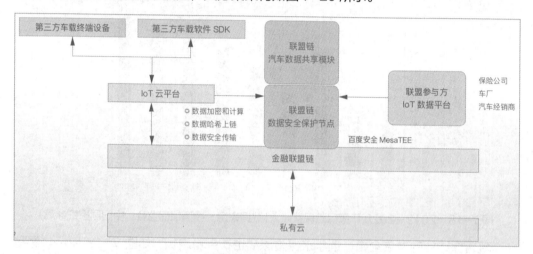

图7-20　区块链保险大数据应用功能的方案架构

再如，由万向区块链平台推出的保险创新咨询服务，专注于保险业务的区块链创新和商业模式创新，在保险企业的区块链商业应用过程中，提供商业模式、治理环境、业务流程、组织结构和区块链技术架构设计等功能。

同时，万向区块链还采用分布式商业理念和区块链技术进行了一系列保险业务的创新，并推出了医疗健康隐私数据交换平台、保险公司业务数据存证平台以及基于UTXO(Unspent Transaction Outputs，未花费的交易输出)的保险账户模型解决方案。图7-21所示为医疗健康隐私数据交换平台的相关介绍。

万向区块链的保险公司业务数据存证平台主要基于区块链底层技术的"数据总线"技术来架构，通过将所有业务数据都放在这条"数据总线"上，同时利用区块链和密码学技术来确保数据隐私和数据权限的问题。保险公司业务数据存证平台将关注点更多地放在了数据存储和使用模式上，而且还具有极强的可扩展性，可以快速适配各种新的业务场景，但其通用架构设计需要考虑如图7-22所示的两方面事项。

图 7-21　医疗健康隐私数据交换平台的相关介绍

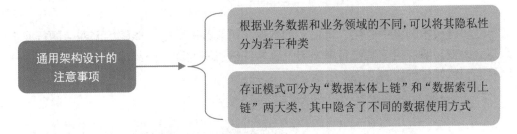

图 7-22　保险公司业务数据存证平台的通用架构设计注意事项

064　区块链在消费金融方面有何应用

消费金融是指向各阶层用户提供消费贷款的金融服务方式，其基本原则为"小额、分散"，对于提高消费者生活水平和支持经济增长等方面有积极推动作用。在传统消费金融中采用区块链技术，可以让信贷资产从产生到交易实现全流程真实透明，更加便利和高效。

例如，百度智能云区块链可信金融模块中的区块链消费金融应用功能，是一个采用多区块链架构的统一平台，支持多种区块链金融业务，而且能够实现业务定制和隔离，其方案架构如图 7-23 所示。

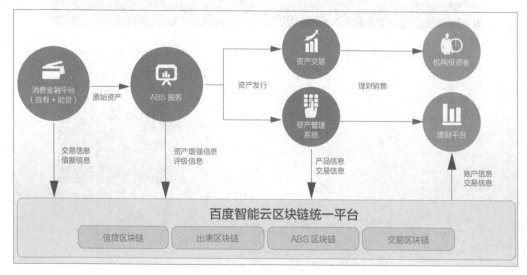

图 7-23 区块链消费金融应用功能的方案架构

区块链技术的去中心化、可追溯和数据不可篡改等特征，能够给消费金融行业带来重大改变，解决目前消费金融发展过程中的信息不对称、交易成本高、陌生人信任等痛点，具体作用如图 7-24 所示。

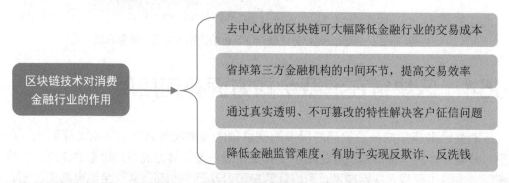

图 7-24 区块链技术对消费金融行业的作用

例如，公信宝推出了一条名为公信链(GXChain)的公有链，同时还基于该区块链系统开发了一个去中心化的数据交易所，适用于网络贷款、汽车金融、消费金融、银行等行业的数据交换，其技术架构如图 7-25 所示。

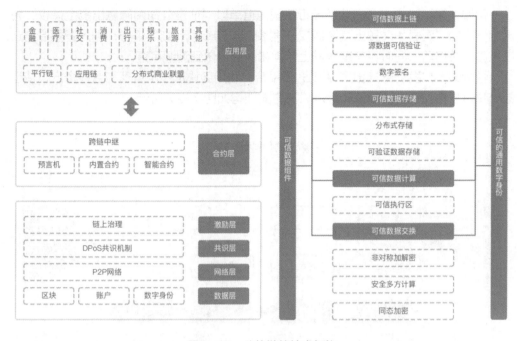

图 7-25 公信链的技术架构

065 区块链在证券方面有何应用

传统的证券交易需要在银行、证券公司或交易所等中央结算机构的撮合下完成，不仅成本高，而且效率低下。在证券领域使用区块链技术，可以让机构和投资者摆脱第三方的干预，在去中心化的交易平台上自主完成交易，其优势如图 7-26 所示。

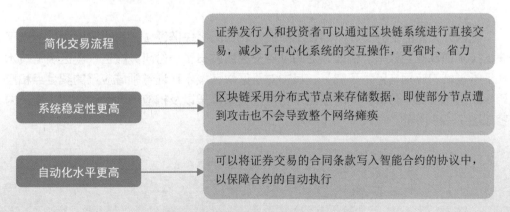

图 7-26 区块链在证券方面的优势

例如，国泰君安资金同业部发行了国内首单以"证券公司两融融出资金债权"为基础资产的"国君华泰融出资金债权 1 号资产支持专项计划"证券，利用智能合约定期披露相关信息，同时将关键数据上链固化保存，做到溯源可查。

再例如，广发证券推出了 ABS 云平台，利用区块链技术管理和监控资产，使证券交易过程更加透明、规范和标准，其方案架构如图 7-27 所示。

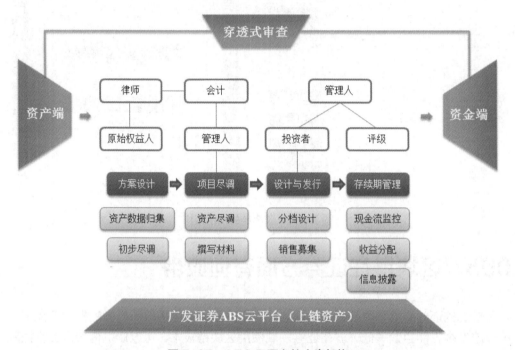

图 7-27　ABS 云平台的方案架构

国内外大量的证券交易所都在不断探索和布局区块链领域，同时开始尝试运用区块链技术提高业务效率。例如，上海证券交易所发布了一份研究报告：《区块链技术在证券领域的应用与监管研究》，其中对于区块链技术在证券领域应用的契合点和应用探索进行了深入分析，同时提出了相应的监管框架以及相应的问题和挑战，相关内容如图 7-28 所示。

> 区块链技术在证券领域的应用与监管研究[②]
>
> 一、区块链技术及在证券领域应用的契合度
>
> （一）区块链技术的概念与特征
>
> 根据我国工业和信息化部《中国区块链技术和应用发展白皮书（2016）》的定义，区块链是分布式数据存储、点对点传输、共识机制、加密算法等计算机技术在互联网时代的创新应用模式。区块链技术的涵义具有三个层次：作为分布式网络技术的应用，运用加密学的分布式账本技术（以下简称DLT）和加上数字货币发行机制的公有区块链，比如比特币、以太坊区块链等。[③]经比较，我们选取其中的DLT作为研究对象。
>
> （1）分布式。区块链本质上是一种去中心化的分布式账本技术数据库，是一串使用密码学相关联所产生的数据块。它记录了网际间所有的交易信息，随时更新，让每个用户可以通过合法的手段从中读取和写入信息。但又有一套特殊的机制，防止以往的数据被篡改并能实现可追溯。
>
> （2）去中介化。区块链是一种共识协议，交易各方用纯数学算法来建立各方的信任关系，而完全不需要借助第三方。区块链应用，在每一时刻都保存一条最长的、最具权威的、共同认可的数据记录，并遵循共同认可的机制进行无须中间权威仲裁的、直接的、点对点的

图 7-28 《区块链技术在证券领域的应用与监管研究》相关内容

066　区块链在泛金融领域有何应用

泛金融的范围比较广，包括银行、保险、证券、基金、资产管理、期货、信托、交易所、支付、小额信贷、消费金融、互联网金融等行业。信用是金融的本质，但金融业中存在银行、第三方支付和资产管理机构等诸多中介机构，导致资金的流通和配置存在不少问题，如图 7-29 所示。

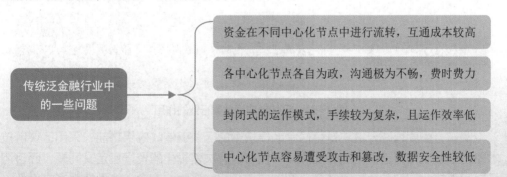

图 7-29　传统泛金融行业中的一些问题

随着国内经济的转型升级，泛金融行业的发展也迎来了新的阶段，主要特点如图 7-30 所示。

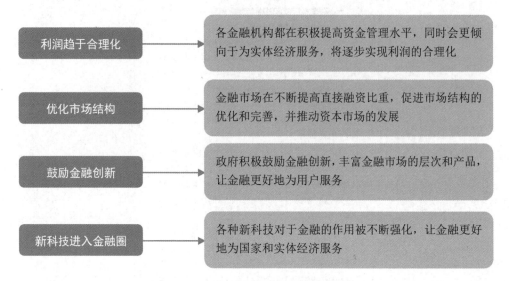

图 7-30　泛金融行业的发展特点

区块链去中心化和数据不可篡改的技术特征，拥有在泛金融领域应用的先天优势，具备改变泛金融基础服务模式的巨大潜力，其作用如图 7-31 所示。

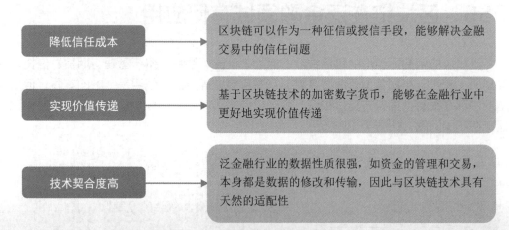

图 7-31　区块链对泛金融行业的作用

例如，百度智能云区块链可信金融模块中的区块链催收应用功能，采用区块链技术助力金融机构打造资金流转闭环，不仅可以解决差异化的资产包定义问题，而且还可以实现资金的自动化清算结算，数据更加真实、透明、安全，从而增强多方信任，其方案架构如图 7-32 所示。

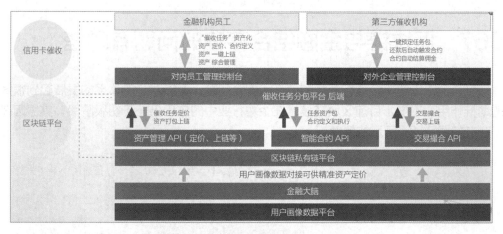

图 7-32　区块链催收应用功能的方案架构

再例如，Ripple 是一个全球性的开放式支付网络，同时也是一个去中心化的货币支付系统，用户可以通过该网络转账包括人民币、美元、欧元、日元或比特币等在内的任意一种货币，而且几乎不需要交易费。

Ripple 基于区块链技术的去中心化理念，打造了集支付和清算功能于一身的钱包应用，具有方便快捷、实时到账的特点，如图 7-33 所示。

图 7-33　Ripple 的钱包应用

067 区块链与金融结合存在的问题有哪些

区块链可以解决金融行业中的信任和安全问题，能够对金融体系的发展起到很好的助推作用。不过，目前区块链技术在金融行业中的应用仍处于初级阶段，其原因在于存在如图 7-34 所示的问题。

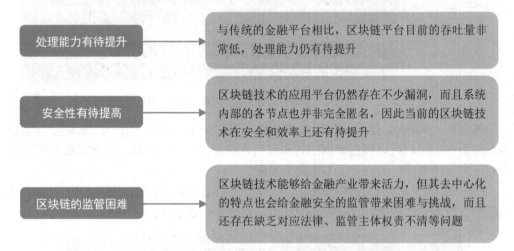

图 7-34　助力区块链 + 金融结合存在的问题

为什么说区块链的处理能力有待提升？举个很简单的例子，假设用户在公交站等车，每趟公交车间隔 10 分钟，而且一趟车只能坐 10 人。一旦公交车满载，第 11 名乘客只能等待下一趟。区块链与这个案例的原理相似，一名乘客就代表一次交易，如比特币等常见的区块链系统平均每秒只能处理大约 10 次交易，如图 7-35 所示。

图 7-35　比特币系统每秒只能处理大约 10 次交易

然而，传统的金融平台每秒可处理的交易量要远大于区块链系统，如支付宝的每秒交易处理量峰值是 25.6 万次，如图 7-36 所示。任务处理的速率称为吞吐量。因此，与支付宝等支付平台相比，区块链系统目前的吞吐量非常低。

图 7-36　支付宝每秒能处理几十万次交易

例如，支付宝完全自研的原生分布式关系数据库软件 OceanBase，每秒处理量峰值可达 6100 万次，拥有了很好的 SQL(Structured Query Language，结构化查询语言)执行能力和分布式计算能力，可以完成大量的批处理操作，如图 7-37 所示。

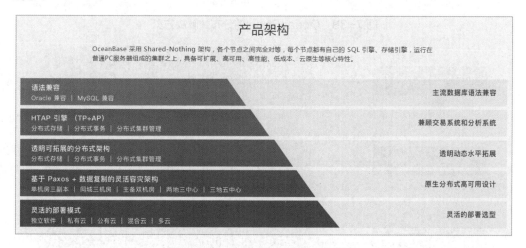

图 7-37　OceanBase 的产品架构

OceanBase 采用原生的分布式架构设计，支持数据多副本存储在不同的服务器上，通过 Paxos 协议保证全局事务的一致性，而且集群对应用完全透明，能够对外提供统一的服务，业务迁移改造成本低，如图 7-38 所示。

虽然区块链＋金融的结合还存在不少问题，但随着区块链技术的成熟，以及在各种金融场景下的落地应用越来越多，行业的发展潜力巨大。如图 7-39 所示为区块链＋金融结合的相关发展趋势。

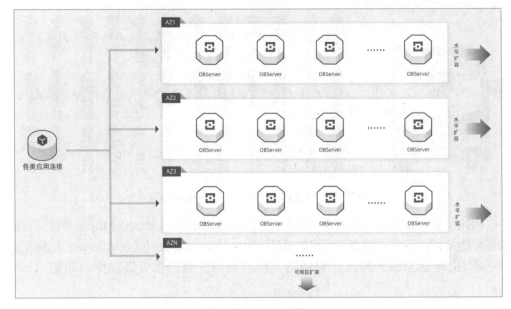

图 7-38 OceanBase 的分布式解决方案

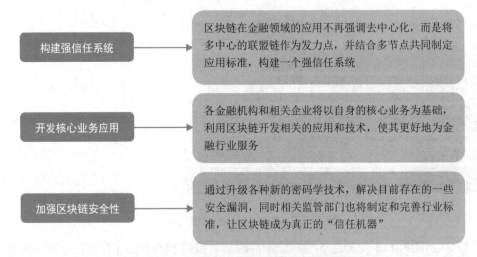

图 7-39 区块链+金融结合的相关发展趋势

068 区块链如何防止欺诈行为的出现

在金融行业中,各种欺诈行为让人防不胜防,如假币诈骗、存折诈骗、抵押诈骗、担保诈骗、支票诈骗、汇票诈骗、引资诈骗、合同诈骗等。因此,如何检测和防止欺诈是金融行业发展所面临的最大挑战之一。

将区块链技术应用到金融行业中，可以进一步消除数据欺诈和透明度缺失等问题，很可能会为业界带来积极影响。下面介绍一些通过区块链技术防止欺诈行为的相关方法，如图 7-40 所示。

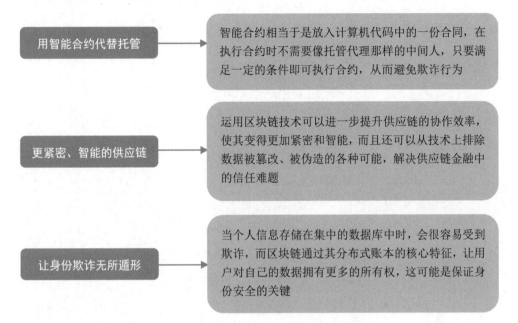

图 7-40　通过区块链技术防止欺诈行为的相关方法

第 8 章

实战案例：区块链在政务领域的应用

  2020 年 4 月，国家发改委首次明确新型基础设施的范围，并正式将区块链技术纳入其中。政府的这一举动，将有助于扩大区块链产业的落地范围和提升速度，同时各地政府也将大力运用区块链技术来助力产业优化升级、智慧城市建设以及实现数字经济的增长。

069　区块链在政务领域有哪些优势

区块链技术的发展，可以优化政务流程和实现扁平化管理，如促进数据共享、优化业务流程、降低运营成本、提升协同效率、建设可信体系等。如图 8-1 所示为区块链在政务领域的主要优势。

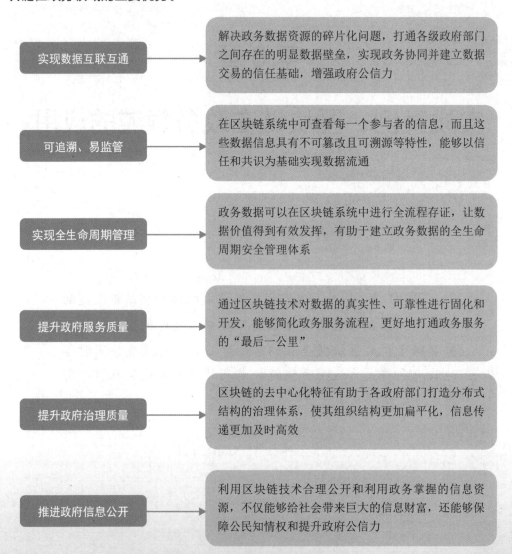

图 8-1　区块链在政务领域的优势

"区块链+政务"的"链改"模式,为政务流程改造与扁平化管理创造了良好的条件,有助于进一步提升政务系统的运行效率。

例如,零伽壹是一家专注于产业区块链"链改"服务的咨询管理公司,其推出的"区块链+政务审批"解决方案,通过智能合约及数据上链等区块链技术,将居民、审批人员及机构单位作为链上节点,使得整个政务审批系统可以大量减少人为的误操作,增加审批效率。其方案架构如图8-2所示。

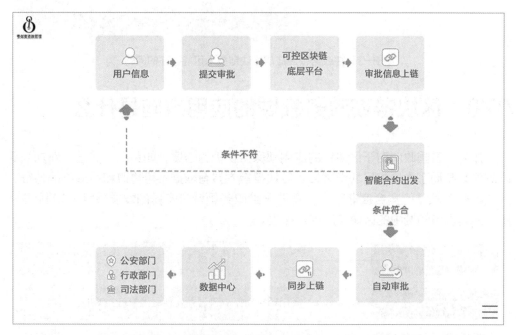

图8-2 零伽壹的"区块链+政务审批"解决方案

居民在进行个人身份验证时,提交所需要审批的申请并上链后,系统会利用智能合约技术将审批条件写入合约。只要符合审批条件,即可自动触发合约并进行审批;若不满足审批条件,则会要求用户补充相关数据,直到条件补充完整后再进行自动审批。

另外,审批后的数据信息将同步上链,并作为数据中心的一部分进行共享,从而有效打通各政府机构间的信息壁垒,实现政务数据的横向联动。

区块链作为一种新兴技术,目前在政务领域并没有实现大规模的应用,因此在利用这种新兴技术改造政务流程时还需要注意可能存在的一些问题,以防止产生相应的风险与隐患,主要问题如图8-3所示。

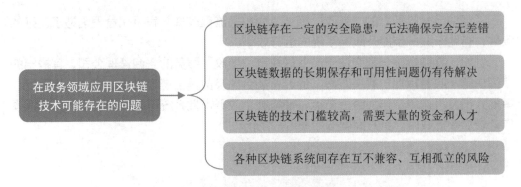

图 8-3　在政务领域应用区块链技术可能存在的问题

070　区块链在政务领域的应用方向是什么

如今，各国政府对于区块链的应用都保持积极的态度，如英国、美国、新加坡等国政府都布局了大量的区块链项目。区块链技术具有数据不可篡改和可追溯的特征，因此与政务领域的契合度非常高，有助于给政务领域带来新的发展思路。如图 8-4 所示为美国各领域中的区块链应用和探索。

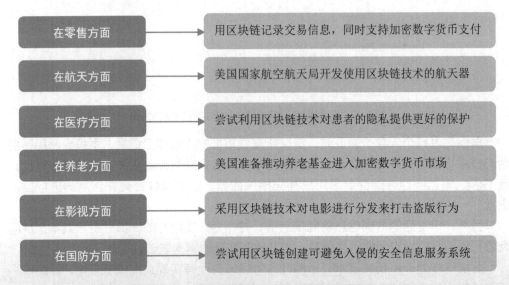

图 8-4　美国各领域中的区块链应用和探索

政务是涉及民生和社会的管理活动，与人们的生活乃至国家的稳定都息息相关，因此要求信息的绝对安全可靠。在各种政务场景中应用区块链技术时，需要重点考虑如图 8-5 所示的两个问题。

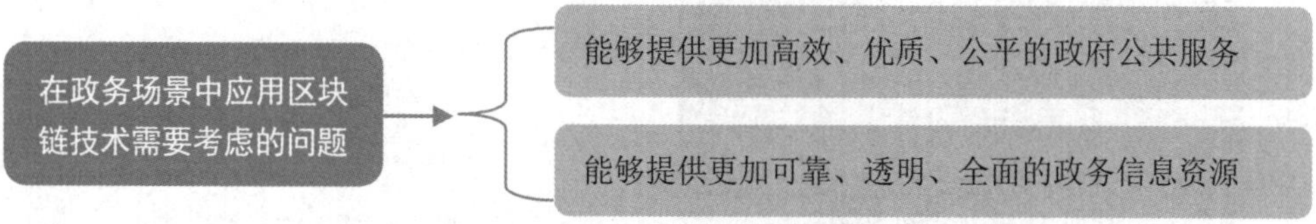

图 8-5 在政务场景中应用区块链技术需要考虑的问题

区块链采用的是链式数据结构，其去中心化、分布式账本、不可篡改、非对称加密、可追溯、智能合约等技术特性，能够很好地满足政府信息数据流通中的安全性和可信任需求，同时还可以通过共识机制形成一个多方参与的信任网络，更好地优化政府的业务流程，使得政务公开真正走向阳光、透明、可信。

区块链技术在跨部门协作、多环节业务、低成本信任等政务场景中都有广泛的应用，相关的应用方向如图 8-6 所示。

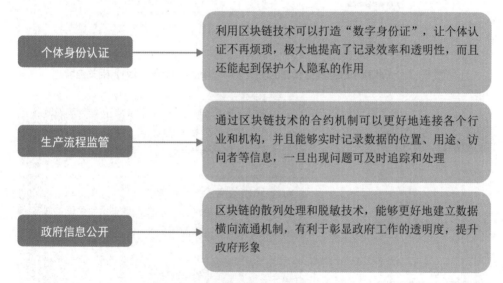

图 8-6 区块链在政务领域的应用方向

例如，北京发布的《北京市政务服务领域区块链应用创新蓝皮书(第一版)》，不仅描述了区块链应用在政务服务领域的重要价值，而且描绘了政务服务领域的区块链发展总体蓝图，同时还总结了政务服务领域的区块链应用阶段性成果和优秀案例，如图 8-7 所示。

总的来说，区块链在政务领域的应用方向主要包括两点：建立身份认证系统，实现真正的"一门式"服务；合理公开和利用更多的政务信息资源。如图 8-8 所示为区块链在政务领域中的建设重点。

图 8-7 《北京市政务服务领域区块链应用创新蓝皮书(第一版)》相关内容

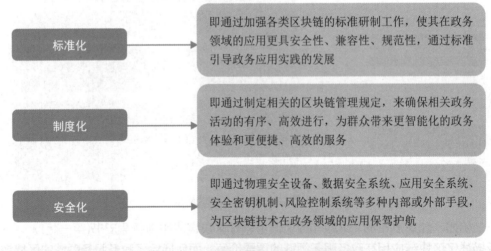

图 8-8 区块链在政务领域中的建设重点

071 区块链在电子票据方面有何应用

传统的纸质票据存在印刷、发行和保存成本高,票据权属难以确定,以及手工票据结算效率低等问题,其行业痛点如图 8-9 所示。

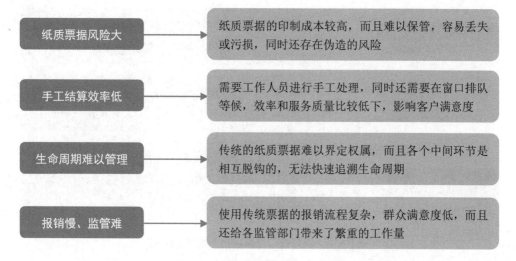

图 8-9 传统电子票据的行业痛点

通过在票据行业中运用区块链技术，将票据进行电子化和数字化处理，通过链上的数字身份表明票据的所有权，可信度更高。同时，在一些非税收的票据场景下，相关机构或企业还可以将票据的全生命周期操作都进行上链，从而做到全程溯源。

例如，招商银行的一链通区块链平台中的区块链电子票据功能，不仅可以降低使用成本，而且还可以实现高效流转，以及通过分析链上数据来挖掘数据中的新价值，其方案架构如图 8-10 所示。

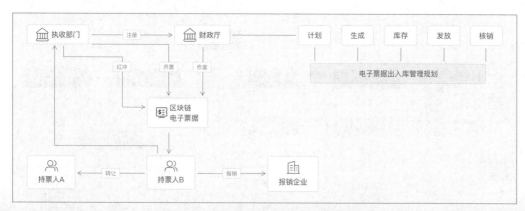

图 8-10 区块链电子票据功能的方案架构

区块链电子票据功能可以将链下实体身份与链上公钥私钥进行匹配，让票据归持票人持有，同时还可以跟踪每一张票据的所有流转过程，适合医院住院金、酒店押金等场景。其方案价值如图 8-11 所示。

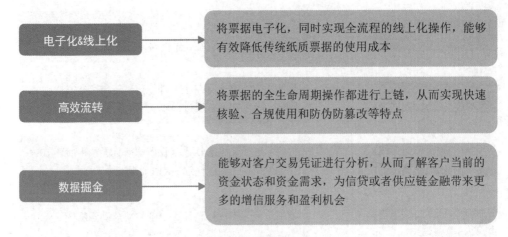

图 8-11 区块链电子票据功能的方案价值

再如，蚂蚁链推出的区块链票据流转平台，利用区块链的不可篡改和可追溯特性，为相关部门提供了票据上链和流转等服务，不仅可以更好地保护隐私安全，而且可以为多个政务民生场景中的应用提供技术保障。

如图 8-12 所示为蚂蚁链的区块链票据流转平台的财政票据开具及流转方案架构。该方案可以实现电子票据的跨省异地报销和链上快捷报销，同时还能够全方位保护数据隐私。

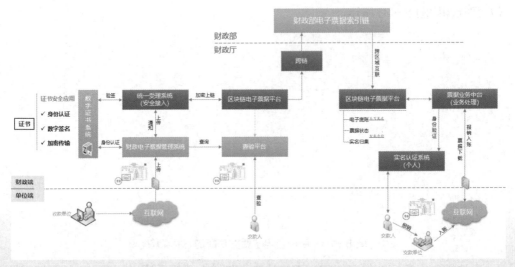

图 8-12 财政票据开具及流转方案架构

072 区块链在政务数据处理方面有何应用

区块链可以建立高效的数据治理规则,让政务数据的共享和治理不再是难题,同时让数据能够实现共享和协同应用,为政府职能转变、构建新型社会治理体系提供了有力支撑。例如,中国移动区块链服务平台基于 BaaS 服务推出的政务数据治理方案,提供数据采集、传输、存证、访问控制、交易、隐私保护、安全共享与监管等全生命周期服务,其方案架构如图 8-13 所示。

图 8-13 政务数据治理方案架构

073 区块链在数字城市方面有何应用

"数字城市"是一个复杂的系统,通过充分融合和发挥信息技术与其他资源要素的作用,来让城市的运行更加智能化。基于区块链的数据可信共享和协同功能,有助于提高各级政府对城市管理的协作效率和服务创新意识,同时推动政府数据的开放共享,助力可信"数字城市"的建设。图 8-14 所示为区块链技术对建设"数字城市"的主要作用。

例如,由万向区块链平台推出的"数字城市"解决方案,其核心理念是以区块链技术汇聚构建安全可信的"数据底座",并通过隐私计算、知识图谱、数字孪生、分布式商业激励等技术,以更加精细和动态的方式管理城市中的生产和生活,形成技术集成、综合应用、高端发展的智能、低碳、自如的"韧性城市",助力构建经济繁荣、居职幸福、可持续发展的和谐城市生态圈。

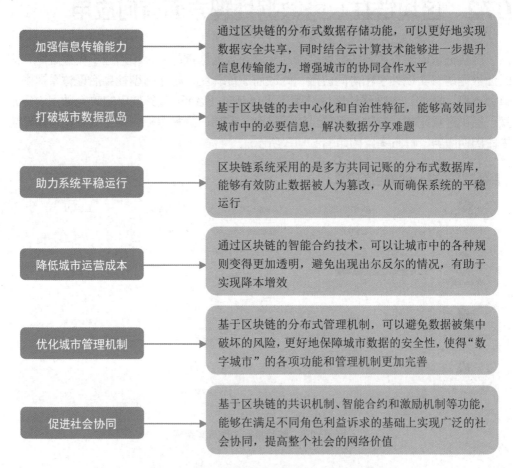

图 8-14 区块链技术对建设"数字城市"的主要作用

其中，安全可信的"数据底座"是"数字城市"的基石，是以区块链技术为基础，同时结合物联网、隐私计算、知识图谱等新一代信息技术，构建支撑城市数字化升级的可信数据标准底层，确保城市数据的"权属可证""来源可信""流转可溯""隐私可控""价值可现"，如图 8-15 所示。

另外，万向区块链平台的"数字城市"解决方案还将"城市精细化数字孪生""绿色城市碳中和"和"数字城市社会共治"等项目，作为"数字城市"的重点发展方向，如图 8-16 所示。

权属可证 通过基于区块链的分布式数字身份技术，让"数字城市"中数据的生产者都拥有链上专属的数字化身份，其产生的数据都将赋予数据主权，从而实现"我的数据我做主"。

来源可信 通过区块链结合RISC-V架构，保证数据来源可识别、易处理、可信赖；利用物联网设备+区块链通信模组技术，保障数据从物联设备直接上链进行存证，确保数据来源可信、可追溯。

流转可溯 通过区块链构建的标准数据交换框架，融合数据认证、数据授权、数据流转、数据审计等全周期管控，将城市中的海量数据在数字身份的基础上，通过标准数据交换框架来自动化监管，数据流转的全链路历史都可被穿透式追溯。

隐私可控 通过有机结合区块链和隐私计算技术，在城市用户的隐私数据不被泄露的前提下实现数据价值的共享，从而助力城市精细化治理和精准人性化服务；通过数字身份凭证，用户无需暴露凭证敏感信息即可完成验证，更加安全便捷地享受服务。

价值可现 通过结合区块链和知识图谱技术，打通城市的各方数据，厘清脉络，焕发数据的潜在价值，赋能城市的精细化治理，助力提升产业经济，成就城市和谐生活。

图 8-15 安全可信的"数据底座"

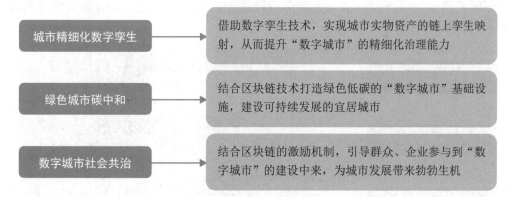

图 8-16 "数字城市"解决方案的重点发展方向

074 区块链在数字身份方面有何应用

基于区块链的不可篡改、可追溯特征和运行方式，可以为每个人打造一个独一无二的"数字身份"，可以保障个人信息的有效性和可信度。

例如，蚂蚁链推出的区块链电子证照平台，通过使用区块链技术将电子证照进行管理存证，实现证照数据的跨地域、跨部门间的可信查验，同时将用户的办事用证行为进行上链存证，让电子证照的使用痕迹可追溯。另外，电子证照还可以接入支付宝应用，提高使用便捷度，相关应用案例如图 8-17 所示。

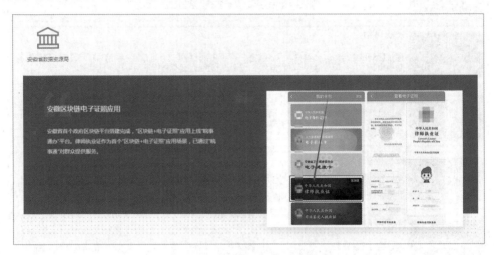

图 8-17　电子证照的应用案例

基于区块链技术的电子证照可以解决传统证照数据质量低、证照标准不健全、缺乏证照汇聚机制等行业痛点，为政务异地通办提供多方信任基础设施，其优势如图 8-18 所示。

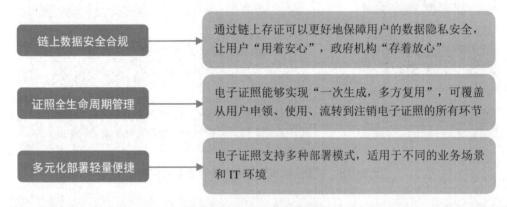

图 8-18　电子证照的优势

075　区块链在业务协作方面有何应用

对于政府部门来说，很多审批工作需要多个部门协作才能完成。如今，我国政府提倡"网上办事"和"单窗通办"等方式，以减轻用户办理各种业务的负担，但在材料审核环节仍然存在较大的难度和工作量。通过区块链技术能够很好地打通各政府部门的业务系统，实现业务互联和数据互通，为用户带来更加便捷的服务体验。

图 8-19 所示为深圳市推出的政企生活服务平台——"i 深圳"，它通过借助区块链的加密算法、分布式账本和数据不可篡改等特征，为用户打造一份可信任且可追溯的电子证照，同时让提供政务服务的各个参与主体共同协作，对系统进行建设、维护和监督，从而提高办事效率。

图 8-19　"i 深圳"平台

在传统的多方协作过程中，存在权责不清、逻辑混乱和系统成本高等问题，具体场景痛点如下。

(1) 权责不清：数据无由头，操作无记录，最终导致各方难以互信。

(2) 逻辑混乱：各方对流程的定义和理解不一致，导致各方操作不统一，甚至出现违规操作行为。

(3) 系统成本高：传统多方协作要求"N×N 互联"，随着参与方的增多，系统环境的复杂度也会呈指数级上升。

例如，招商银行的一链通区块链平台中的多方协作功能，不仅可以将区块链技术应用于多方协作领域，而且还具有数字身份确权、智能合约工作流、状态机模型等优势，其方案架构如图 8-20 所示。

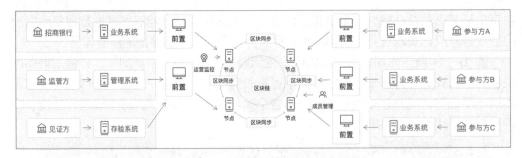

图 8-20 区块链多方协作的方案架构

区块链多方协作能够让数据权责更加清晰,而且可以将业务逻辑转化为自动执行的智能合约,同时通过区块链一次接入即可实现与多个参与方的交互,其方案特点和方案价值如图 8-21 所示。

图 8-21 区块链多方协作的方案特点和方案价值

专家提醒

区块链多方协作的优势在于:身份性强,采用公钥私钥与身份体系配对,所有交易必须签名背书;成本低,对现有系统改造小,平台布设成本低;数据可追溯,负面信息数据流通环节都有签名背书。

再如,迅雷链中的政务协作服务平台,不仅可以融合各种业务的信息,让信息更加可靠,而且还能够实现"数据多走路,群众少跑腿"的业务模式,帮助政府部门打造电子证明生态圈,提升政务效率的同时,保证监管透明,执行有保障。图 8-22 所示为迅雷链政务协作服务平台的价值和应用案例。

图 8-22　迅雷链政务协作服务平台的价值和应用案例

076　区块链在税务发票方面有何应用

传统的电子发票存在企业难归集、使用成本高和涉税服务成本高等行业痛点。通过在电子发票中采用区块链技术，能够让发票的申领、开具、储存、流转、报销等环节都进行上链，为经营者和消费者提供更加便捷的发票使用体验。另外，对于税务局等发票管理部门来说，则可以通过区块链技术对电子发票进行全流程监管，而且还能够实现无纸化的智能税务管理。

例如，蚂蚁链推出了区块链发票开票系统和区块链发票流转平台等产品，相关功能如图 8-23 所示。

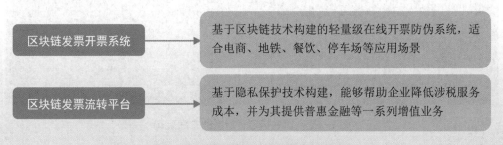

图 8-23　蚂蚁链的区块链发票相关产品

图 8-24 所示为蚂蚁链的区块链发票流转平台的方案优势。

降低发票虚开风险
借助区块链技术，将发票流、资金流、货物流、交易流、物流等信息，增加业务造假难度，降低发票业务虚开风险。

税收治理数字化
以区块链为底层、以开票能力为纽带，引入各行业ISV及机构共建开放生态，构建现代化的税收治理体系。

发票全链路流转
一体化的开票和价值流转，使得发票交付后可以继续为企业解决资金链难题。

开票效率提升
企业开票时间从周降低至小时级，涉税服务办理流程精简 70%，涉税服务成本降低 25%。

图 8-24 区块链发票流转平台的方案优势

再如，旺链科技推出的电子发票解决方案，通过区块链技术构建电子发票生态圈，使各参与方能够实现数据的互通和共享，为消费者和企业带来真正的实惠，其方案架构如图 8-25 所示。

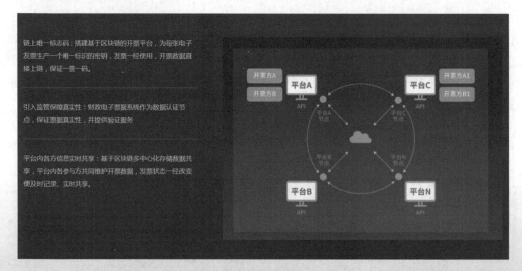

图 8-25 区块链电子发票的方案架构

旺链科技的电子发票解决方案能够有效解决发票信息易遭篡改、虚开虚报、重复报销、开票方和受票方信息不对称等行业痛点，其优势如图 8-26 所示。

真实监控 区块链技术有效防止发票虚开、虚抵、重复报销，实现可追溯、可监控，提高税收征管水平	实时共享 基于区块链共识基础，突破平台及区域局限，实现实时共享特性，点对点传输，方便快捷，节约成本
确权认证 在电子发票的产生和存储过程中，保证电子发票信息的唯一性，并能够实现对其确权认证	真实透明 确保电子发票在产生、存储过程中的真实和不可篡改
信任提升 基于区块链技术的去中心化信任机制，建立起不同企业、机构和个人之间的信任	安全保障 分布式存储，防止数据损害和丢失，保障数据安全

图 8-26 区块链电子发票的方案优势

077 区块链在可信存证方面有何应用

区块链的可信存证功能能够应用于溯源、版权保护和危化品物流等方面，能够提高信息的安全可信度，重塑社会信任机制。例如，百度智能云区块链可信存证中的危化品物流运输应用功能，其方案架构如图 8-27 所示。

图 8-27 危化品物流运输应用功能的方案架构

危化品物流运输应用功能具有车端数据防伪造、司机/卡车证照合规防篡改、货源运输全程可溯源且易监管、基于线路和数据的货运调度优化等优势，能够解决危化品物流监管难度大、从业人员专业度要求高、货源信息不明确、经销商链条不透明/高空载等行业痛点，同时可以提高运能和司机收入。

再如，迅雷链的可信存证平台，可应用于司法和版权保护领域，通过区块链为传统电子存证构筑"钢铁防护链"，让存证更加安全可信，其价值如图8-28所示。

图8-28 可信存证平台的价值

再如，招商银行的一链通区块链平台中的合同存证功能，通过区块链数字身份统一化上链，实现可验证、可追溯，同时支持司法存证公证等业务，其方案架构如图8-29所示。据悉，一链通的合同存证功能目前已经接入深圳公证处，可以同步至其"存证通"产品并出具存证公证文书。

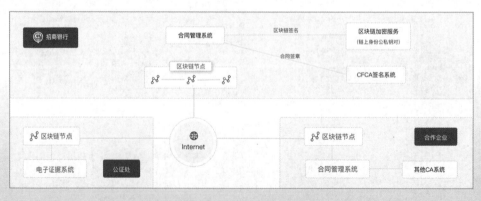

图8-29 合同存证功能的方案架构

再如，零伽壹的"区块链＋电子合同"解决方案，通过将监管机构、司法部门等机构作为监管节点，加入到整条区块链上，进行链上信息的调用，电子合同可被仲裁机构及法院直接认定为可信证据，其方案架构如图 8-30 所示。

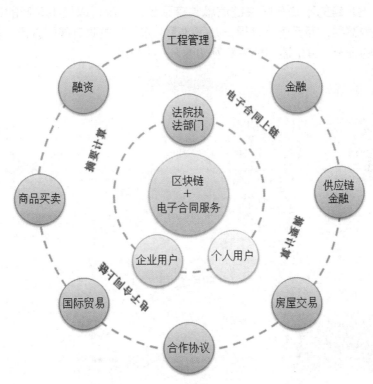

图 8-30　零伽壹的"区块链+电子合同"的方案架构

专家提醒

零伽壹的"区块链＋电子合同"解决方案主要利用区块链的分布式存证、密码学以及数据上链等技术，对合同内容进行加密处理，并生成对应的数字指纹哈希值，同时向区块链上的所有成员公开电子合同的签署时间、主体、文件哈希值等信息，各节点信息一经存储就不可篡改。

另外，该方案还会采用强加密的形式对合同金额等一些比较隐私的信息进行加密处理，同时签署合同的双方可以通过私钥访问和查询这些加密信息。

078　区块链在不动产方面有何应用

不动产区块链信息平台可以存储相关的不动产数据和证明信息，包括电子合同、电子证照、登记审批资料、房屋交易及登记证明、购房资格核验以及相关档案等，同时将税务部门、社保部门、国土部门、民政部门、不动产登记中心等作为节点添加到区块链上，为用户提供更便利的不动产登记业务。

例如，迅雷链的不动产区块链信息共享平台，不仅可以使不动产的税收更加规范，减少偷税漏税，而且还可以提升办事效率，方便相关政府部门进行监管，同时保障各类凭证的安全，其价值和相关案例如图 8-31 所示。

迅雷链的价值

 规范税务征收
解决因为信息不对称导致的企业偷税漏税问题，规范化各部门之间的信息共享制度。

 提升效率
基于区块链的数据共享不可篡改、真实可信，群众只需完成一次资料填写，资料即可在各相关门同步，解决传统模式下用户需要在各部门填写纸质资料，来回跑效率低下的问题。

 方便监管
基于区块链的房屋产权信息数字化，掌握在公权力之下的数字资产，方便监管，杜绝出现阴阳合同的现象。

 保障安全
基于区块链发行的不动产电子证明，具有唯一性。电子凭证的申请、发放过程都会上链，极大地提高凭证的安全性、可靠性、可证伪性。

应用案例

某市政府

某市不动产信息共享平台简化政务流程
将房屋产权所有人、面积、地址等房屋产权信息脱敏加密后记录在区块链上，通过区块链生成基于区块链的电子产权证。保证了房屋产权的唯一性、不可篡改性及可追溯性。链上管理替代人工管理提高作业效率，信息透明，提升税收。

图 8-31 不动产区块链信息共享平台的价值和相关案例

再如，零伽壹的"区块链+房地产交易"解决方案，通过采用区块链数据上链及存证等技术，将地产位置、面积、出租率、房价、出租方和租赁方等细节数据上链，推动房地产的透明化和流动化交易，简化调查过程，降低客户成本，其方案架构如图 8-32 所示。

在该方案的具体实现过程中，各个环节的数据都将被记录在链上并向各参与方公示，包括房屋的预约、带看、洽谈、合同签署、定金交付、房屋交付等，以及各方交易费用、交易时间、汇率等详细信息。这样做不仅可以确保整个房屋交易或租赁过程中的信息透明化，增加各方的信任度，而且还可以加速交易流程，同时最大限度地降低结算风险。

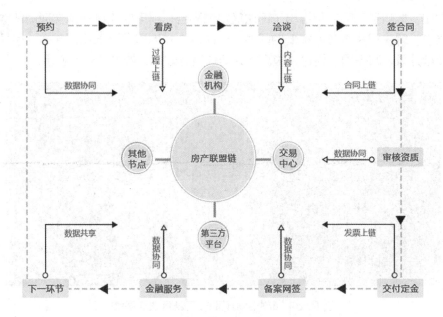

图 8-32 “区块链 + 房地产交易”的方案架构

079 区块链在司法取证方面有何应用

最高人民法院发布的《最高人民法院关于互联网法院审理案件若干问题的规定》第十一条显示，认可区块链作为收集、固定和防篡改数据的技术手段，相关条款如图 8-33 所示。

第十一条 当事人对电子数据真实性提出异议的，互联网法院应当结合质证情况，审查判断电子数据生成、收集、存储、传输过程的真实性，并着重审查以下内容：

（一）电子数据生成、收集、存储、传输所依赖的计算机系统等硬件、软件环境是否安全、可靠；

（二）电子数据的生成主体和时间是否明确，表现内容是否清晰、客观、准确；

（三）电子数据的存储、保管介质是否明确，保管方式和手段是否妥当；

（四）电子数据提取和固定的主体、工具和方式是否可靠，提取过程是否可以重现；

（五）电子数据的内容是否存在增加、删除、修改及不完整等情形；

（六）电子数据是否可以通过特定形式得到验证。

当事人提交的电子数据，通过电子签名、可信时间戳、哈希值校验、区块链等证据收集、固定和防篡改的技术手段或者通过电子取证存证平台认证，能够证明其真实性的，互联网法院应当确认。

当事人可以申请具有专门知识的人就电子数据技术问题提出意见。互联网法院可以根据当事人申请或者依职权，委托鉴定电子数据的真实性或者调取其他相关证据进行核对。

图 8-33 《最高人民法院关于互联网法院审理案件若干问题的规定》相关条款

例如，杭州互联网法院推出了司法区块链平台，利用区块链技术实现司法数据的融合共享，解决司法服务效率低的问题，同时以技术为引擎降低司法成本，引领司法服务转型升级，减少司法纠纷，提高社会契约执行效率，如图 8-34 所示。

图 8-34　杭州互联网法院司法区块链平台

杭州互联网法院的司法区块链平台可以解决数字版权、金融合约和网络服务合同等纠纷问题，具有全流程自动记录、多节点司法见证、记录不可篡改等优势。图 8-35 所示为相关的司法链区块数据列表。

司法链业务数据			
司法链区块总数 155335757			
司法链区块数据列表			
块高	交易数	区块hash	成块时间
155335756	126	de731da1ab6c7809ce619de64a3cedfc8...	2021-07-20 15:48:20
155335755	124	5c87e742ff73d6a5cc03ee6b3b120cee3...	2021-07-20 15:48:19
155335754	122	a95adebb7b1922da8846166fc9ce189e...	2021-07-20 15:48:19
155335753	107	96e9c966baec5b12ecc04a06f29cde27e...	2021-07-20 15:48:18
155335752	143	e0c7db90bae5833013baeddf8597ae37...	2021-07-20 15:48:18
155335751	108	823a2d4a45d5a30a70d4eea9dc52b612...	2021-07-20 15:48:17

图 8-35　司法链区块数据列表

再如，迅雷链的智慧公安区块链协作平台，利用区块链技术的分布式管理、数据不可篡改、加密算法等特征，使得各公安局之间实现数据加密共享，更好地进行协作，有助于解决跨域办案取证的问题，其优势和相关案例如图 8-36 所示。

图 8-36 智慧公安区块链协作平台的优势和相关案例

第 9 章
实战案例：区块链在生活领域的应用

如今，区块链已经不再是一个"高大上"的技术名词，而是正在悄然走进人们的日常生活。毫无疑问，区块链技术在生活中的应用将是一件令人振奋的事情，具有变革许多行业的潜力，从而为人们的生活带来更多便利。

080　区块链在医疗领域有何应用

对于传统医疗行业来说，存在医疗数据孤岛、信息割裂、信息泄露、数据安全屡遭威胁、假药横行等行业痛点，利用区块链技术可以将患者基础信息上链，并结合用户授权机制建立链上分布式存储系统，打通从存证到溯源的"区块链+健康医疗"应用生态全流程。

例如，迅雷链推出的智慧医疗信息共享平台，就是采用区块链和密码学等技术构建的一条联盟链，通过将各个医院的医疗数据上链共享，打破医院间的数据孤岛，降低医院的运营成本，其价值和应用案例如图 9-1 所示。用户在医院看病时，只需要向医生授权查看自己的病历信息，医生即可访问其病历数据，这样在保证用户隐私的同时，能更好地实现数据共享和提升可信度。

图 9-1　智慧医疗信息共享平台的价值和应用案例

再如，蚂蚁链推出的区块链医疗健康服务平台，基于区块链的可追溯、不可篡改和隐私保护等技术特征，在保障个人健康数据安全可信的同时，实现健康数据可在不同医疗机构间进行共享、追踪、流转和审计，不仅可以帮助病人家属进行远程签字确认，而且还可以应用于公共卫生事件的实时监测预警等场景，更好地赋能医疗产业，为民众的健康保驾护航。

蚂蚁链的区块链医疗健康服务平台的主要优势如下。

（1）数据及隐私保护能力：提供机构身份、个人身份、信息安全等认证功能，能够有效保护患者的隐私，同时确保数据的安全传输。

(2) 医疗场景实践：目前已经落地电子处方等应用场景，为行业提供大量的实践经验。

(3) 从技术到生态的整合能力：通过将多个平台的服务能力进行整合，发挥最大效用，具体如图 9-2 所示。

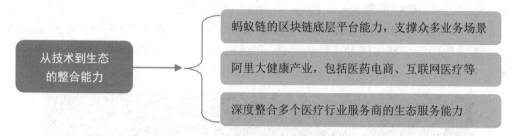

图 9-2　从技术到生态的整合能力

(4) 支付宝 App 端服务：通过将区块链医疗健康服务平台与支付宝 App 进行对接，更好地为用户提供民生服务。

图 9-3 所示为蚂蚁链的区块链医疗健康服务平台的产品功能和特点。

图 9-3　区块链医疗健康服务平台的产品功能和特点

081　如何用区块链解决版权保护的问题

如今，人们的版权意识已经越来越强，因为对于商业应用来说，版权就是钱，就是话语权。因此，书籍作品、音乐作品以及影视作品等版权纠纷不断，而且侵权事件维权难、成本高。追根溯源，主要在于版权的归属和保护问题，利用区块链技术便可解决这一难题。

通过将作品内容、作者信息和相关协议等一起打包上链，并生成与文件对应的唯一哈希值，然后加盖时间戳形成数字证书，区块链中记录的信息一旦生成将永久记录，而且版权的确权信息公开、透明、可追溯、无法篡改。

例如，旺链科技的版权保护解决方案，是一个利用区块链技术打造的版权保护平台，能够帮助创作者快速地实现内容版权上链，并保证版权唯一性。其方案架构如图 9-4 所示。

图 9-4　版权保护解决方案的架构

旺链科技的版权保护解决方案能够兼容多种知识产权类型，有助于解决当前版权保护成本高、效率低等问题，为创作者提供高效的基于区块链的版权保护和版权交易解决方案，助力知识产权产业的健康发展，其优势如图 9-5 所示。

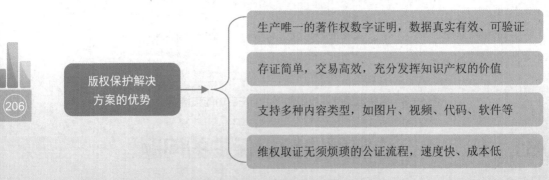

图 9-5　版权保护解决方案的优势

082　区块链在慈善领域有哪些优势

对于传统的慈善公益行业来说，存在着公信力危机、流程不透明、数据分割监管难等诸多痛点。很多人对于慈善公益活动的真实性或多或少都心存怀疑，而且对于自己参与的慈善活动的效果也缺乏感知。因此，慈善公益事业要实现持续发展，首先要赢得公众的信任。

通过在慈善公益领域运用区块链、智能合约、物联网等技术，能够实现全链路存证、自动执行、历史溯源等能力，同时让慈善公益的流程变得透明化，从而让更多的人信任并参与到慈善公益活动中来。

例如，百度智能云区块链可信存证模块中的度小满金融公益溯源功能，就是通过区块链技术的穿透式溯源能力提升慈善公益活动的透明度，同时实现全流程的可视化，提升公信力，助力滇西北支教团，其方案架构如图9-6所示。

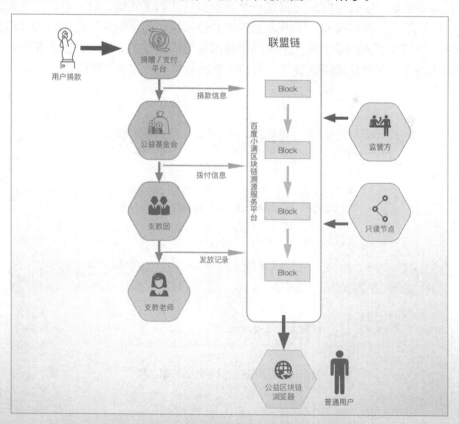

图9-6　度小满金融公益溯源功能的方案架构

再如，蚂蚁链的区块链公益解决方案，其功能包括标准化的公益存证服务、公益项目实施的内容管理、公益捐赠善款的去向追溯、公益善款的自动拨付等，其方案优势如图 9-7 所示。

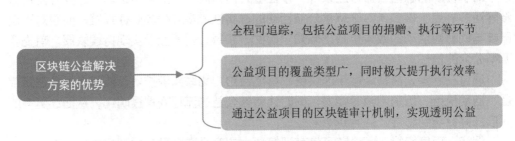

图 9-7　区块链公益解决方案的优势

蚂蚁链的区块链公益解决方案是一个创新型的实践区块链公益平台，其方案架构如图 9-8 所示。该方案适用于绝大部分的公益项目，而且能够可视化公益项目的成果反馈，提高捐赠人的成就感，使其保持持续参与的原动力。同时，该方案还可以对敏感信息进行加密存证和脱敏展示，保护公益项目参与者的个人隐私。

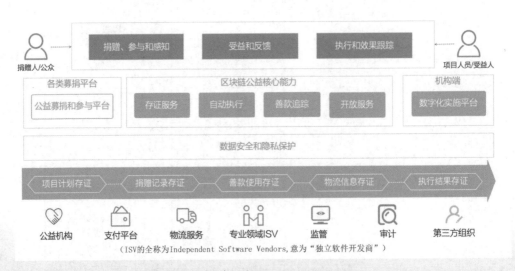

图 9-8　区块链公益平台的方案架构

083 区块链在养老服务中有何应用

如今,随着人口老龄化现象日益严峻,养老机构数量缺乏,社会养老压力也越来越大。因此,社会多方开始试行时间银行这种新型的养老模式,不过由于缺乏持续运营机制、时间积分兑换周期长、异地通兑难等难点,项目往往不告而终。

通过区块链技术打造的时间银行,其核心理念是通过互助的形式提供养老服务,年轻人可以通过照顾生活不便的老人,获取相应的时间积分,并可以将积分兑换为相应的服务或商品。图 9-9 所示为蚂蚁链的时间银行养老公益解决方案的优势。

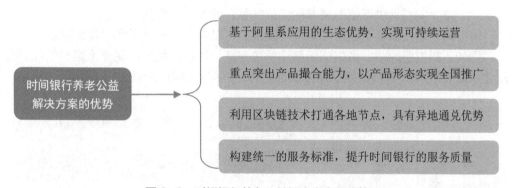

图 9-9 时间银行养老公益解决方案的优势

时间银行是指用户将自己的时间存进时间银行,当自己遇到困难时就可以从中支取"被服务时间",国内很多城市也零星出现了这种模式。蚂蚁链的时间银行养老公益解决方案通过区块链技术整合各种社区和群体资源,提供社区互助养老服务,有助于减少社会养老压力,其功能特点如图 9-10 所示。

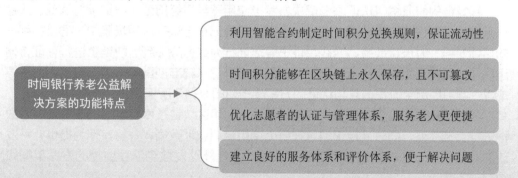

图 9-10 时间银行养老公益解决方案的功能特点

084　区块链在校园和职场中有何应用

运用区块链技术可以更好地进行学历与资质认证，区块链认证系统对各方的主要作用如下。

- 对于即将步入社会的大学生和已经进入职场的工作者来说，区块链认证系统可以简化认证流程，提供更好的职场能力背书。
- 对于学校和培训机构来说，区块链认证系统能够提升校园服务质量，增加学生的满意度。
- 对于相关企业来说，区块链认证系统可以提升资质查询效率，降低背调成本，同时提供可信而精准的岗位推荐，保证人才质量。
- 对于职业认证管理部门来说，该系统可以为民众提供更好的就业服务。

例如，蚂蚁链的职业资格认证联盟解决方案，可以为用户创建一个唯一的区块链职业认证 ID，构建完善的职业资格认证生态，其功能特点如图 9-11 所示。

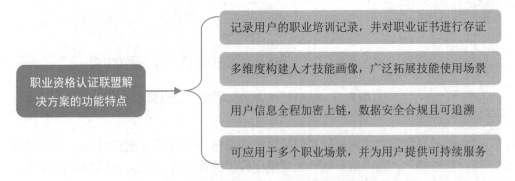

图 9-11　职业资格认证联盟解决方案的功能特点

蚂蚁链的职业资格认证联盟解决方案可应用于学习经历全流程记录与认证、人社补贴发放全流程监控等场景。在学习经历全流程记录与认证应用场景中，通过将用户的培训课程、时长、成绩、实践、证书等培训行为数据添加到区块链上进行存证，便于联盟成员调用和查询，有助于企业找到与自身需求精准匹配的人才，节省人力资源成本。学习经历全流程记录与认证的方案架构如图 9-12 所示。

在人社补贴发放全流程监控应用场景中，利用区块链技术将学员的职业证书等数据进行上链存证，同时人社部门可在链上调用培训认证数据，并将其作为提供补贴发放的数据依据，让补贴发放更加公平公正。人社补贴发放全流程监控的方案架构如图 9-13 所示。

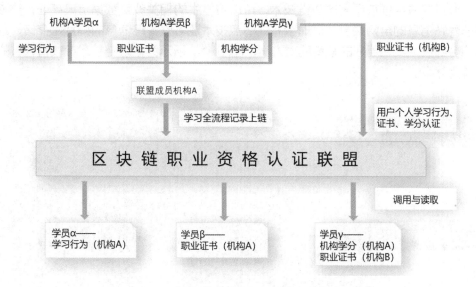

图 9-12 学习经历全流程记录与认证的方案架构

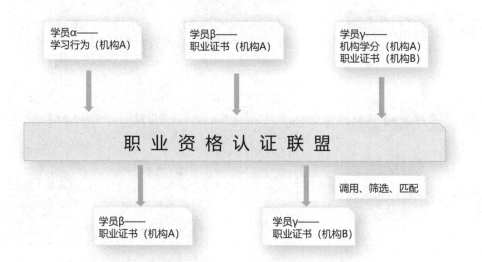

图 9-13 人社补贴发放全流程监控的方案架构

085 区块链在教育领域有何应用

在传统教育领域,学籍管理系统非常复杂,而且校方与学生的信息泄露现象比较严重,同时还存在教育资源分配不均、教育成本高昂等痛点。

通过在教育领域运用区块链技术，可以将学生的相关教育数据上链存证，能够实现非隐私信息的全网共享，同时分布式节点技术还可以实现信息的碎片化存储，以及智能合约技术实现更好的教育配对方案。图 9-14 所示为区块链技术在教育领域的相关应用体系。

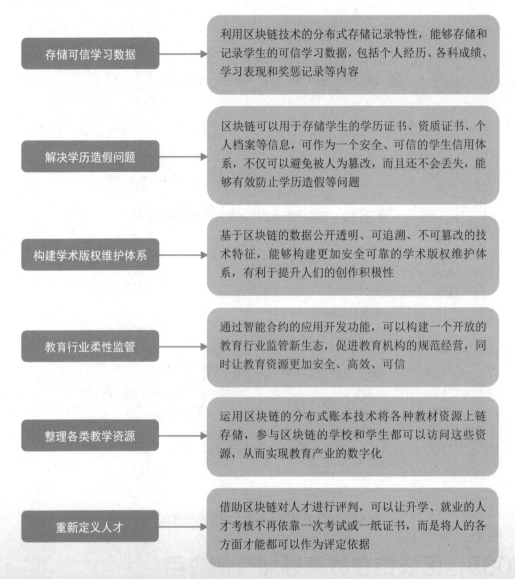

图 9-14　区块链技术在教育领域的相关应用体系

区块链可以提供存证、监测、溯源、交易等功能，具有提高效率和降低成本的作用，可以应用于多个教育场景，让学生的学习成果更有公信力。图 9-15 所示为区块链在教育领域的应用方案架构。

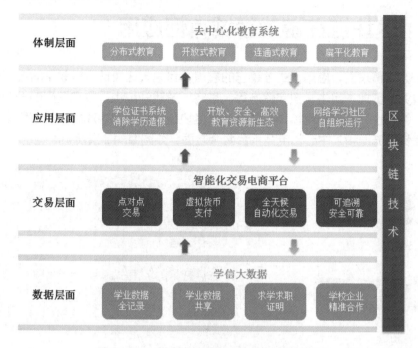

图 9-15　区块链在教育领域的应用方案架构

例如，英国 APPII 是一个基于以太坊区块链打造的平台，利用区块链、智能合约和机器学习等技术，对学生和教授的学术资格证书提供验证服务，如图 9-16 所示。

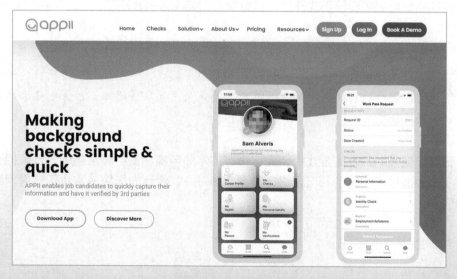

图 9-16　APPII 平台

086　区块链在游戏领域有何应用

对于区块链来说，应用模式才是它的重点，目前与区块链紧密联系的应用场景有金融、政务、工业、民生、数字资产等。其实，游戏领域也是数字资产的一个分类，而且这个领域也有不少应用场景与商机。从区块链在现有的游戏领域的应用来看，主要集中在资产流通和去中心化电竞平台两个方面，如图9-17所示。

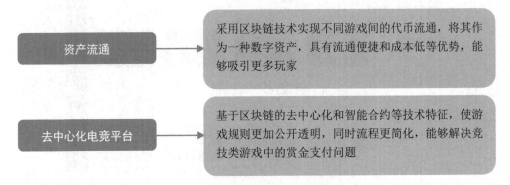

图 9-17　区块链在游戏领域的应用

例如，布萌是一个开放的区块链数字资产网络，支持数字资产的跨越流通，它开发的游戏交易应用接口已正式开放，其解决方案如图9-18所示。

专家提醒

"区块链+游戏"的结合有两种应用模式，分别为区块链项目的游戏化和游戏项目的区块链化，前者主要是采用区块链思维；后者则强调的是区块链技术。

在区块链技术开发的游戏中，数字资产的本质与实物资产非常接近，玩家拥有的数字资产也能够产生价值并可以进行交易。表 9-1 所示为区块链游戏和普通网络游戏的区别。

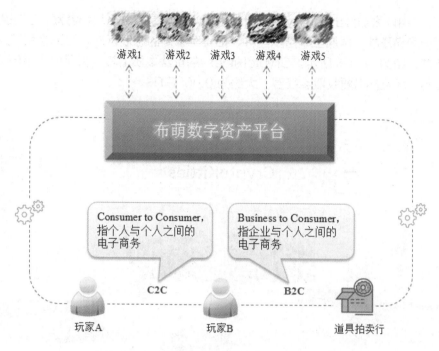

图 9-18 布萌的"区块链+游戏"解决方案

表 9-1 区块链游戏和普通网络游戏的区别

对比	区块链游戏	普通网络游戏
规则	游戏运营商制定	区块链开发者写入智能合约
	游戏运营商可以随时调整	区块链开发者无权更改规则
场地	数据存储在中心化服务器上	数据存储在各区块链节点上
	中心化服务器,游戏运营商可升级和更新	区块链上,开发者无权控制
账号道具	账号信息存储在中心化服务器上	账号信息存储在区块链上
	所有权归属于游戏运营商	所有权归属于游戏玩家
	游戏玩家仅有使用权	玩家可随意转让和出售账号
	游戏运营商随时可以封号	开发者无权封号或对其进行限制
	游戏运营商可随意发放和更改道具	道具发放根据智能合约的规定执行
	道具转让需经过游戏运营商同意	玩家可以随意转让或出售道具

例如，由以太坊推出的 CryptoKitties(谜恋猫)就是一款区块链游戏，它采用非常可爱的卡通猫形象，再加上繁殖、配种、拍卖等丰富的游戏玩法，快速吸引了众多玩家的参与，如图 9-19 所示。CryptoKitties 的玩法本质上其实都是以太币(ETH)之间的交易，而且都需要收取手续费，大约为 0.008ETH。

图 9-19　CryptoKitties 游戏平台

玩家可以在市场上环顾四周，为自己找到一些小猫。当找到想买的小猫后，可以单击"立即购买"按钮，在新打开的页面即可查看要购买的小猫详情。单击"确定，购买这只小猫"按钮，即可购买小猫。另外，玩家也可以用 ETH 为游戏中的任何小猫出价，即使它们目前没有被出售。一旦玩家提出报价邀约，小猫的所有者可以选择接受或拒绝。

玩家可以用两只成年猫来繁殖后代，能够生出一只全新的小猫，同时这只小猫拥有独一无二的基因，如图 9-20 所示。

虽然 CryptoKitties 不是加密数字货币，但它也是基于区块链系统产生的，同样具有区块链的安全保障：每只猫都是独一无二的，而且 100%归玩家所有，它无法被复制、拿走或销毁。

图 9-20　通过两只谜恋猫进行交配繁殖可以生出一只猫宝宝

第 9 章　实战案例：区块链在生活领域的应用

第 10 章

实战案例：区块链在能源领域的应用

区块链的技术特征与能源互联网的概念有很大的联系，如它们都需要智能化的物联网设备作为底层支持。利用区块链技术可以搭建新能源的点对点交易系统，实现可信交易和价值转移。

087 区块链技术对能源领域有何影响

随着能源行业的发展，如今各种新能源的生产和应用规模越来越大，相关技术也取得了长足的进步。新的能源产业生态的具体特征如图 10-1 所示。

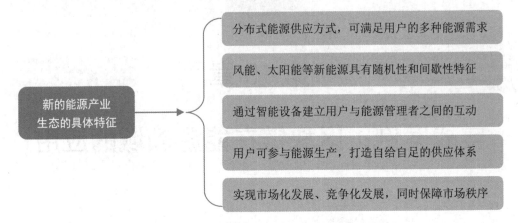

图 10-1 新的能源产业生态的具体特征

在传统能源产业中，往往采用的是中心化的集中生产和管理方式。但是，在新的能源产业转型中，产生了很多亟待解决的问题，如能源从哪里来，由谁来生产和管理能源等，而区块链技术是解决这些问题的最佳方案之一。

基于区块链的智能合约技术，能够更好地实现数字资产的交易；基于区块链的共识机制和数据不可篡改特征，能够实现能源产业的无人化智能管理。图 10-2 所示为区块链技术与新能源产业的对应特征。

例如，WePower 是一个连接能源供应商、企业买家和能源生产商的平台，基于区块链来实现简单、直接的绿色能源交易，如图 10-3 所示。WePower 让企业的绿色能源采购像网上购物一样简单，同时降低了可再生能源的价格，使其成为传统能源的商业竞争替代品。

在过去，全球 2/3 的能源被商业和工业类客户使用，但他们无权选择能源的来源。同时，复杂的能源采购流程使得大多数企业无法购买本地生产的可持续能源，只有拥有数百万能源支出的主要电力购买者才有能力直接从生产者那里购买绿色能源。

WePower 为企业提供了最简单的方式来了解它们的能源需求、发现最好的可再生能源项目并签署直接能源合同，所有这些都具有完全的源透明度和前所未有的灵活性，彻底简化所有市场参与者的能源采购体验。从图 10-4 所示中可以看到，WePower 的市场机制消除了传统直接能源采购流程中的诸多限制。

WePower 平台将企业能源购买者和能源零售商直接与绿色能源发电商联系起来，以便所有企业无论规模大小，都能够以具有竞争力的价格和完全透明的方式轻松购买本地生产的绿色能源。

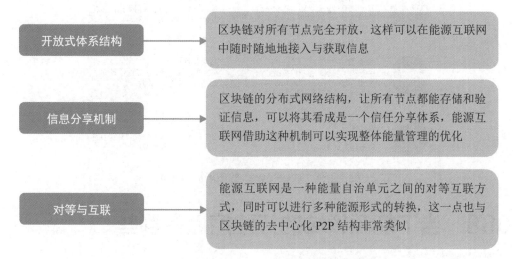

图 10-2　区块链技术与新能源产业的对应特征

图 10-3　WePower 平台

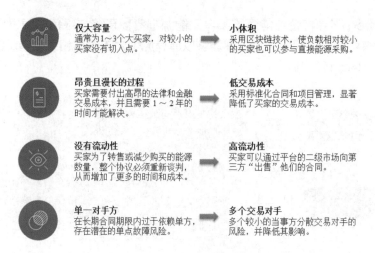

图 10-4　WePower 的市场机制优势

088　当下能源领域的行业痛点有哪些

近年来，能源产业产生了巨大变化，市场中不断涌现出新参与者，同时太阳能和风能等多种新能源正逐步替代传统能源，并且逐渐成为主流，而且消费者的选择余地也相应地增加了。现有的能源供应商为了保持强大的市场地位，面临着提高服务质量的压力。图 10-5 所示为当下能源领域的行业痛点。

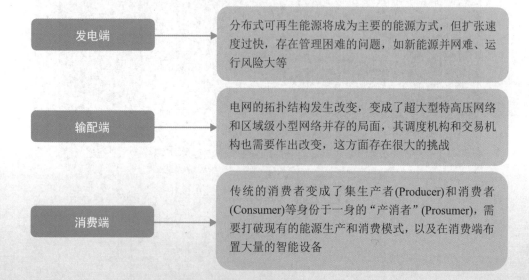

图 10-5　当下能源领域的行业痛点

采用区块链技术可以将能源市场实现交易代币化,解决消费端的相关问题。例如,Power Ledger 是一个新能源市场的操作系统,同样也是一家基于区块链技术的 P2P 能源交易平台,如图 10-6 所示。

图 10-6　Power Ledger 平台

Power Ledger 开发了一个具有灵活性的能源交易平台,允许家庭、组织和电网之间进行相互交易。传统能源向可再生能源的转变,给电网带来了越来越大的不确定性。因此,随着越来越多的太阳能和风能并入电网,Power Ledger 需要对其进行重新配置:从集中式系统到分布式系统。

Power Ledger 的技术使消费者能够在电网上进行交互,实时跟踪和交易能源。这有助于创建一个灵活的电力系统,既具有弹性又稳定。

可再生能源正在经历一场全球转型——从屋顶光伏系统的大规模采用到风能和太阳能发电场的大规模建设。但是,能源系统的巨大转变也带来了很大的挑战,电网被迫适应新的动力源。

Power Ledger 的使命就是实现一个完全现代化的市场驱动的网格,让人们能够获得能源,并直接参与能源市场,改善自己和他人的生活。

089　区块链在发电场景下有何应用

基于区块链的数据不可篡改的特征,将其应用到电力场景中,可以让每一度电都有迹可循,而且让用户与自己的邻居交易剩余的电。图 10-7 所示为区块链技术在发电场景下的相关应用。

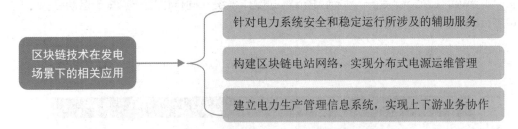

图 10-7　区块链技术在发电场景下的相关应用

例如，Electron 利用区块链技术建立了一个分布式的天然气和电力计量系统，其平台主页如图 10-8 所示。Electron 的信念是：未来的能源系统需要数字优化的市场，而不是大规模的新一代容量，从而以具有成本效益和弹性的方式实现"净零排放"。通过结合创始人对能源市场的知识和构建数字交易平台的经验，Electron 正在着手满足这一要求，同时与现有和新兴市场参与者合作创建了一个数字能源市场。

图 10-8　Electron 平台

Electron 在能源市场设计、电子交易平台、分布式数据所有权和共享模型等方面拥有核心竞争力，而且与众多的能源公用事业和市场参与者建立了战略伙伴关系，同时还建立了一个能源联盟。自 2015 年成立以来，Electron 已在 4 个国家开展了 8 个网络优化项目，与包括英国国家电网电力系统运营商(Electricity System Operator, ESO)、法国电力集团(Electricite De France, EDF)、壳牌和伦敦水电在内的 20 家主要能源行业参与者建立了合作伙伴关系。

090 区块链在输配场景下有何应用

基于区块链的共识机制、分布式存储和加密传输等技术特征,能够让数据协作更加高效、可靠,同时让数据作为一种电力生产和传输过程中的重要元素,并充分发挥其作用,促进电力行业的市场化改革和数字化转型。图 10-9 所示为区块链技术在电力输配场景下的相关应用。

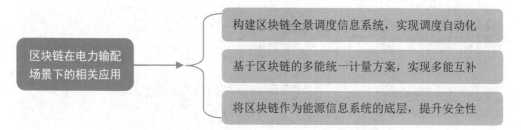

图 10-9 区块链技术在电力输配场景下的相关应用

例如,迅雷链基于区块链技术推出的智慧电力平台,采用智能化的调度方案,不仅可以提升电力系统的安全性,而且还能降低损耗和中间成本,同时提升营收和利润率,其价值和应用案例如图 10-10 所示。

图 10-10 智慧电力平台的价值和应用案例

091　区块链在负荷场景下有何应用

用电负荷是指电能用户的所有用电设备消耗电功率的总和，相关的负荷场景包括工业负荷、农业负荷、交通运输业负荷和人民生活用电负荷等。通过区块链技术能够实现电网企业、监管部门、新能源企业、电能用户等各方主体的连接，从而有效打破数据壁垒，实现全产业链的数据贯通共享。图 10-11 所示为区块链技术在用电负荷场景下的相关应用。

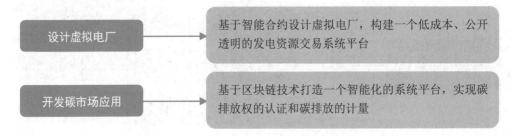

图 10-11　区块链技术在用电负荷场景下的相关应用

例如，Sun Exchange 是一个基于区块链技术构建的点对点太阳能租赁平台，如图 10-12 所示。世界上任何地方的任何人都可以通过这个平台购买生产太阳能的电池，并通过租赁这些电池为新兴市场的企业和组织提供动力来积累财富，安装和维护工作由 Sun Exchange 精心挑选的安装合作伙伴负责。

图 10-12　Sun Exchange 平台

太阳能不仅可以可持续地为医院、学校、社区组织、企业和工厂供电，还可以推动整个行业和经济的发展。同时，太阳能极大地减少了碳排放和空气污染，而且它正迅速成为最实惠的电力来源。

092　区块链在电动汽车领域有何应用

电动汽车与传统汽车的主要区别在于具有数字化的特征，其中采用了互联网、物联网、大数据、区块链、人工智能、自动驾驶等新技术，车辆中的每一个功能都是各项复杂系统的整合，并且都需要数据和服务的支持，如图10-13所示。

图 10-13　数字化的新能源电动汽车

在电动汽车领域，可以运用区块链的可追溯特征，实现动力电池产品的"来源可查""去向可追""节点可控""责任可究"。动力电池的全生命周期数据都可以通过区块链技术记录下来，而且这些数据不可篡改，有助于形成动力电池的长期评估标准。

例如，SHARE&CHARGE 是一个区块链电动汽车充电平台，其推出的开放式充电网络以去中心化的方式运行，从而确保开放性和可靠性，如图 10-14 所示。基于区块链的分布式记账技术，SHARE&CHARGE 能够让交易费用更加透明化和可信任。另外，SHARE&CHARGE 还可以促进私人充电桩的共享，有助于节能减排和实现能源转型。

图 10-14　SHARE&CHARGE 平台

093　区块链在能源领域有何挑战

虽然区块链技术在能源领域的应用场景非常多，能够有效地降低能源交易的制度性成本，改变能源系统的生产模式和交易模式，但是，区块链在能源领域的应用也面临着不少挑战，主要包括技术和政策方面的挑战。如图 10-15 所示为区块链在能源领域的应用面临的技术挑战。

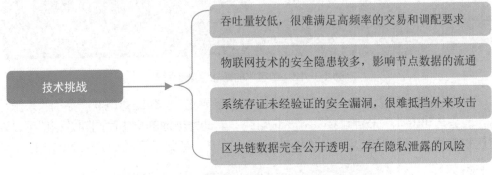

图 10-15　区块链在能源领域的应用面临的技术挑战

如图 10-16 所示为区块链在能源领域的应用面临的政策挑战。

随着可再生能源变得越来越普遍以及客户寻求差异化，全球的能源供应商都在积极寻求新的区块链解决方案，以更好地应对挑战。例如，LO3 ENERGY(美国能源公司)与 Consensus Systems 合作建立了一个分布式的可交互电网平台——TransActive Grid，这是一个基于区块链技术的点对点交易平台，可以让用户摆脱第三方，直接在该平台上自由地进行绿色能源和碳排放的交易，如图 10-17 所示为 LO3

ENERGY 平台主页。

图 10-16　区块链在能源领域的应用面临的政策挑战

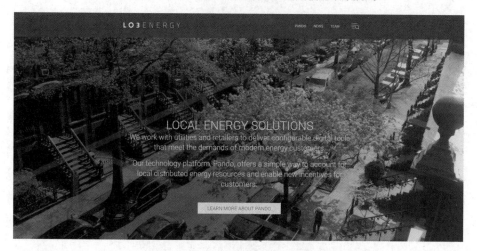

图 10-17　LO3 ENERGY 平台主页

总而言之，随着区块链技术在能源领域的不断应用，"区块链+能源"的时代即将到来，但要真正落地还需经历漫长的过程。只有不断征服技术和政策方面的挑战，同时推动区块链底层技术和新能源产业建设相结合，才能开启多元化的"区块链+能源"应用场景。

第 11 章

实战案例:区块链在其他领域的综合应用

　　技术并不是区块链经济的核心,真正的核心在于商业逻辑的重构,让区块链技术拥有更多的落地应用案例。本章主要介绍区块链在各个领域中的综合应用,通过行业应用案例引发读者的思考。

094　区块链在电商领域有何应用

传统的电商模式存在严重的中心化问题，包括消费者无自主选择权、商品信息不对称、刷单造假、消费者隐私被侵犯等痛点。区块链具有可追溯、集体维护、公开透明、不可篡改、全程记录等技术特征，能够很好地解决传统电商的痛点，如图 11-1 所示。

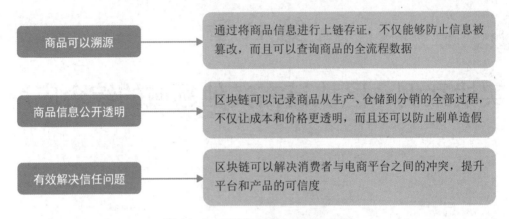

图 11-1　区块链在电商领域的应用

例如，由旺链科技推出的产品溯源解决方案，通过将各种商品及其流通参与主体的信息进行数字化处理后上链存储，涉及商品的原产地、生产商、渠道商、零售商、品牌商和消费者等全流程主体，在区块链中可以查看所有参与者的信息，从而保证产品信息的透明化，并且所有环节均可追溯，其方案架构如图 11-2 所示。

旺链科技的产品溯源解决方案可以解决假冒伪劣产品泛滥、传统追溯不可靠、供应链合作意愿低、效率差等行业痛点，如图 11-3 所示。

图 11-4 所示为旺链科技的产品溯源解决方案的系统优势。

再如，零伽壹的"区块链＋跨境电商"解决方案，依托区块链数据上链功能，将产品获取原材料的过程、生产过程、流通过程、营销过程等信息，采集并写入区块链中，可以进一步防止数据被篡改，同时解决跨境电商行业中的商品真假难辨、清关困难、用户信息泄露、结算效率低下、售后难、监管难等痛点，其方案架构如图 11-5 所示。

图 11-2 产品溯源解决方案的架构

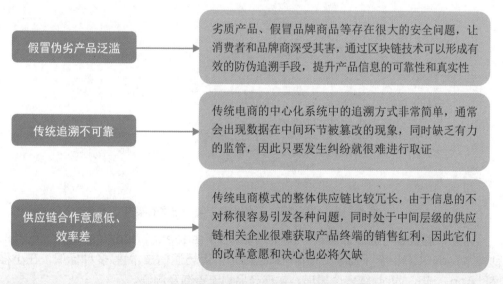

图 11-3 产品溯源解决方案可以解决的行业痛点

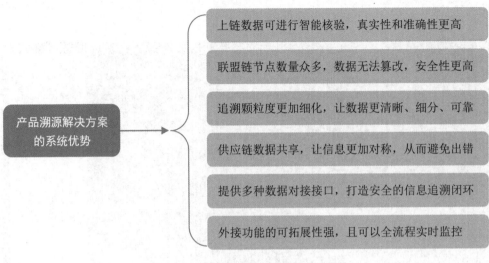

图 11-4　产品溯源解决方案的系统优势

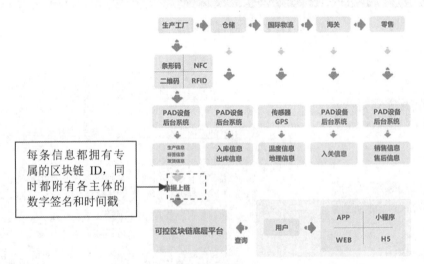

图 11-5　"区块链+跨境电商"解决方案的架构

另外，消费者可通过二维码、RFID(Radio Frequency Identification，射频识别技术)、NFC(Near Field Communication，近场通信技术)等多种标识，在小程序、App、H5、Web 等多个渠道，实现产品物流查询及溯源。

再如，迅雷链推出的商品溯源系统，通过结合区块链与物联网等技术，将商品的生产、加工、仓储、运输、销售等各环节的数据进行上链存储，实现一物一码，从而提升企业公信力，完善信息管理机制，使各企业间的沟通更加顺畅，主要优势如图 11-6 所示。

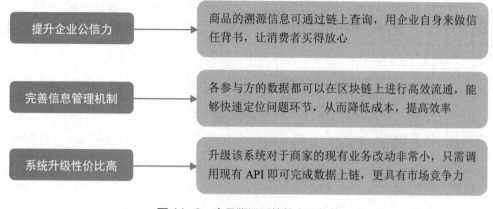

图 11-6　商品溯源系统的主要优势

图 11-7 为迅雷链商品溯源系统的相关应用案例。

量子云码：区块链防伪溯源全线赋能商品安全

量子云码与迅雷链合作，基于区块链的先进技术特性，真实、清晰地记录商品的原材料采购、生产、仓储、物流等溯源全链条信息，让商户可以确认上链信息的真伪，同时商户与商户之间、商户与量子云码之间可以互相监督，从而构建一个可信溯源平台，更好地保护消费者的权益。

贝富溯源：区块链防伪溯源商业新生态

贝富（广州）新技术有限公司是一家通过政府认定的区块链应用科技企业，依托迅雷链技术，同时采用低成本且不窜码的 RFID + NFC 防伪码技术，实现从产品生产、仓储、物流的全环节真实信息可查询，更好地打击假冒伪劣产品，为印证商业诚信提供了有公信力的解决方案。

图 11-7　商品溯源系统的相关应用案例

095　区块链在物联网领域有何应用

目前，我国物联网技术虽然还处在初级阶段，但是正在逐渐深入到各个领域和行业当中，应用范围不断扩大。同时，区块链技术与物联网的结合，能够降低各种智能设备的连接成本，而且还可以通过去中心化的共识机制加强物联网系统的安全性。

例如，由旺链科技推出的物联网高效价值转移解决方案，主要基于区块链的去中心化技术特征，解决物联网数据的安全、流通、交易、共享等问题，其方案架构如图11-8所示。

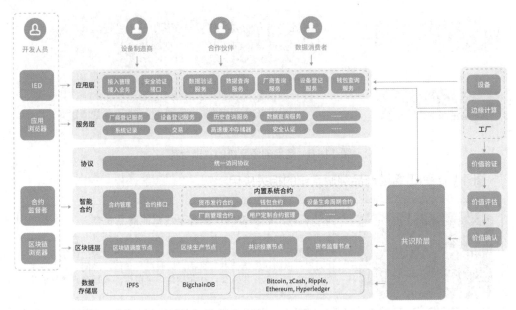

图11-8　物联网高效价值转移解决方案的架构

专家提醒

在物联网高效价值转移解决方案的架构中，IED是Intelligent Electronic Device的简称，指智能电子设备；IPFS是Inter Planetary File System的简称，指分布式文件系统；BigchainDB是一个去中心化的巨型数据库；Bitcoin、zCash、Ripple、Ethereum、Hyperledger为一些对应的区块链项目。

物联网高效价值转移解决方案可接入各种规模和类型的物联网节点，能够打破物联网的数据孤岛，让物联网设备商、建设方、数据拥有者、数据需求方能够在价值网络中各取所需，从而形成完美的物联网业务闭环，其方案优势如图11-9所示。

物联网高效价值转移解决方案可以有效解决如图11-10所示的行业痛点，能够让物联网的商业模式更加成熟，增强各种物联网平台的互通性。

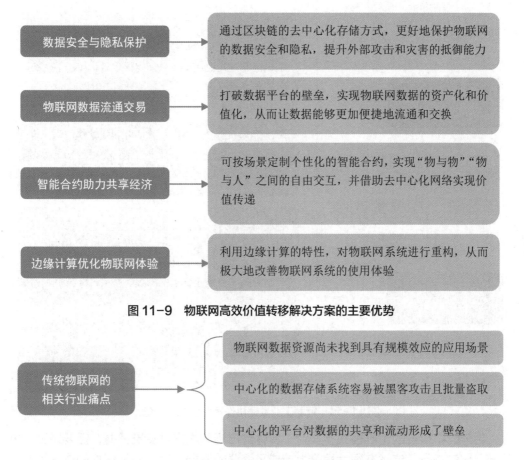

图 11-9 物联网高效价值转移解决方案的主要优势

图 11-10 物联网高效价值转移解决方案可以解决的行业痛点

096 区块链在工业制造领域有何应用

区块链是"工业 4.0"时代的底层技术,在实现"工业制造自动化"和"数据流动自动化"的基础上,区块链能够进一步实现"经济运行自动化"。在区块链经济的思维下,让数据和程序合为一体,从而让传统的"信息互联网"转变成更先进的"价值互联网"。

例如,迅雷链推出的智慧工业数据协作平台,可以帮助工厂大幅缩短生产周期,并且能够有效地提升生产品质。与传统的生产模式相比,智慧工业数据协作平台能进一步优化供给侧的产能配置,同时让生产周期内的资源浪费得到有效降低,其优势如图 11-11 所示。

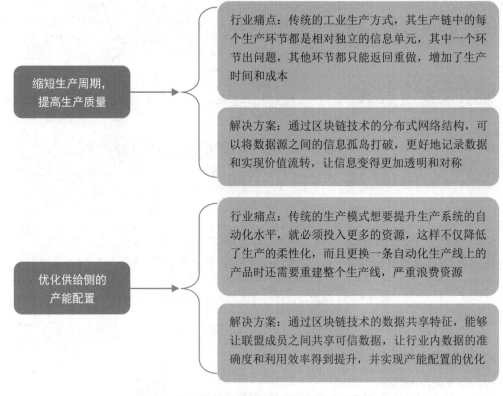

图 11-11　智慧工业数据协作平台的主要优势

另外，在传统的生产模式下，对于具体的市场需求很难精准把握，需要通过大量的产品试错工作，这样在很大程度上造成了资源的浪费，而且开模试样的成本也非常高，同时流通环节也存在极大的浪费。

通过区块链技术的可追溯特征，能够将产品的设计、研发、采购、生产、销售、售后等全生命周期数据都进行上链存储，构建一条完整的产品溯源链路，从而精确可靠地控制资源浪费。

如图 11-12 所示为中国移动区块链服务平台中的产品溯源方案架构，它能够为不同产业的产品提供全流程的定制化溯源服务，从而实现更精细的供应链管理，保障工厂生产的产品安全可控。

传统工厂可通过采用区块链技术更好地保障各方数据的安全，同时借助智能合约技术打破各数据源之间的信息孤岛，将企业边界完全消除，让工厂能够与各个上下游企业更好地协作，节约生产成本。

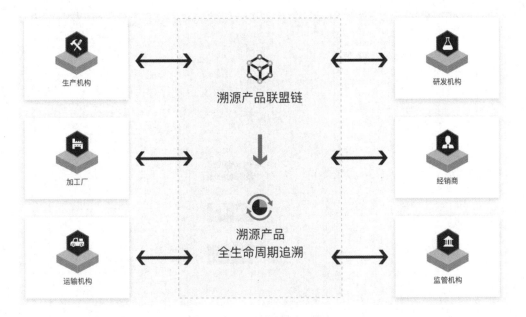

图 11-12　产品溯源方案架构

097　区块链在工业互联网领域有何应用

传统互联网针对的是消费市场，围绕人们的衣、食、住、行和社交娱乐等方面提供服务；而工业互联网的服务对象是工厂和企业，其目的是"降本增效"。

工业互联网可以将各种设备、生产线、工厂、供应商、产业和消费者更好地连接起来，实现跨设备、跨平台、跨企业、跨地区的互联互通，推动工业生产的智能化、个性化、数字化等工业经济新业态。

例如，万向区块链平台提出的分布式认知工业互联网，就是在传统工业互联网技术的基础上，通过与各种分布式认知智能技术进行结合，如区块链、知识图谱、隐私技术等，帮助传统工业制造业实现数字化转型升级。

如图 11-13 所示为分布式认知工业互联网的方案架构。其中，物联网管理层中的 Telit、Jasper、Wind River、艾拉等都是一些知名的物联网管理平台。

在分布式认知工业互联网中，区块链技术主要用来确保平台数据的可信性，解决数据共享与企业对自身数据控制权之间的矛盾，同时为商业活动构建对等、统一的多边协作生态。图 11-14 所示为分布式认知工业互联网在汽车零部件质量溯源中的应用案例。

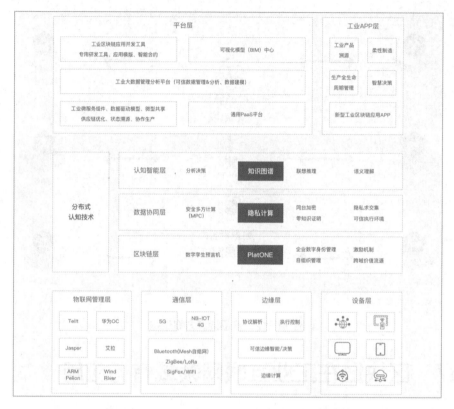

图 11-13 分布式认知工业互联网的方案架构

图 11-14 分布式认知工业互联网的应用案例

098 区块链在物流场景下有何应用

在物流运输场景中运用区块链技术,能够实现物流公司、企业、金融机构、监管机构等各个环节的连接,提升物流效率并降低物流成本。区块链对于传统物流行业来说,主要作用如图 11-15 所示。

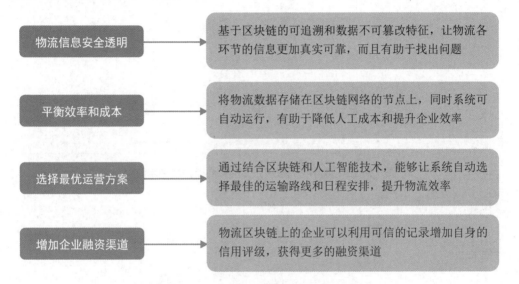

图 11-15 区块链对传统物流行业的主要作用

例如,蚂蚁链推出的数字物流解决方案,通过结合运用区块链、分布式数字身份、可信计算、隐私保护和金融级风控等技术,能够实现数据的交叉核验,从而保障运输过程中物流和资金流的真实性,其核心能力和使用流程如图 11-16 所示。

数字物流解决方案可以帮助运输产业链中的上下游企业更好地获得金融、监管机构和客户的信任,适用于公路货运、航运以及多式联运(Intermodality)等多种物流及供应链服务场景,其优势和特点如图 11-17 所示。

再如,万向区块链平台推出的运链盟,是一个基于区块链技术并以公路货运物流作为实际业务场景构建的综合服务平台,其主要功能包括物流管理、结算对账与供应链金融,其应用价值如图 11-18 所示。

运链盟通过将汽车整车的物流业务进行全流程上链存储,有助于实现企业的电子化管理,如图 11-19 所示。

图 11-16　数字物流解决方案的核心能力和使用流程

图 11-17　数字物流解决方案的优势和特点

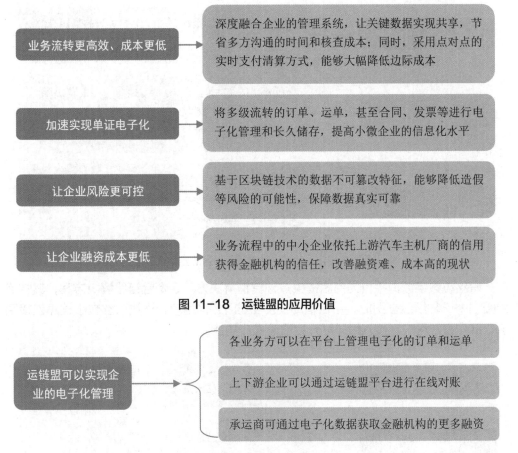

图 11-18 运链盟的应用价值

图 11-19 运链盟可以实现企业的电子化管理

099　区块链在数字营销领域有何应用

在数字营销领域运用区块链技术,能够帮助广告行业的中间参与方打破大平台的数据壁垒,找到精准的用户群体,同时还可以通过自动结算的方式提升对账效率,进一步获得用户信任,增加企业、品牌或产品的公信力。

例如,蚂蚁链推出的粉丝粒数字营销平台,是专为企业数字化营销打造的综合解决方案,可以帮助企业通过分享裂变玩法高效、精准地进行传播,其方案优势如图 11-20 所示。

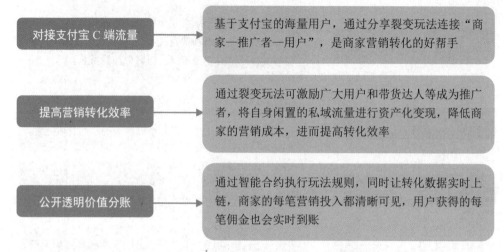

图 11-20　粉丝粒数字营销平台的方案优势

粉丝粒数字营销平台为商家提供多种营销解决方案、资金链路解决方案，其特点如图 11-21 所示。同时，平台借助支付宝的 12 亿用户，通过粉丝粒小程序连接商家、推广者、用户，接入后即可开启营销推广功能。

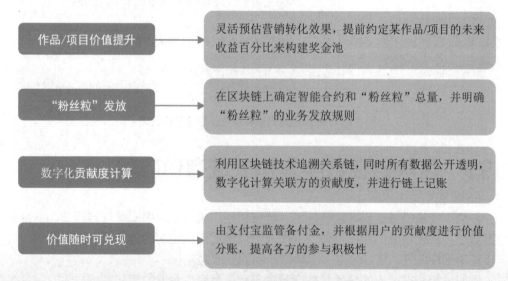

图 11-21　粉丝粒数字营销平台的特点

图 11-22 所示为粉丝粒数字营销平台在电影预售和零售快销场景中的应用案例，包括行业痛点和解决方案分析。

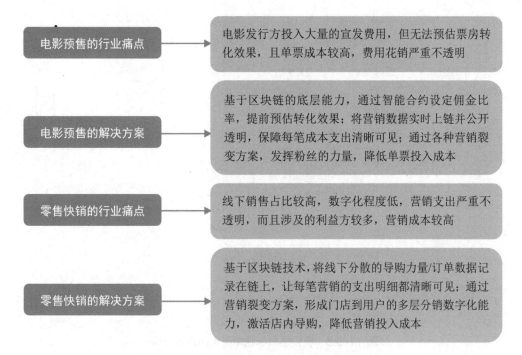

图 11-22 粉丝粒数字营销平台的应用案例分析

100 区块链在仓储领域有何应用

在传统仓储领域存在着数字化水平较低、大宗商品行业监管方式落后以及严重的赝品欺诈行为等行业痛点。

区块链是实现仓储管理数字化和保障供应链交易的重要技术，基于区块链的分布式账本特征，能够实现多节点存储和验证，便于产业链上下游的数据进行共享和存证，助力行业的数字化升级；基于区块链的数据不可篡改特征，同时结合 IoT 技术，能够将仓储管理中的相关数据同步上链存储，保障各环节数据的真实性，助力产业链的管理创新。

例如，蚂蚁链推出的区块链数字仓单平台，依托区块链、IoT 和 AI 等技术，可精准锚定大宗商品的价值并明确物权归属，将传统实物资产转化为安全可靠且具有良好流动性的数字化资产，其方案架构如图 11-23 所示。

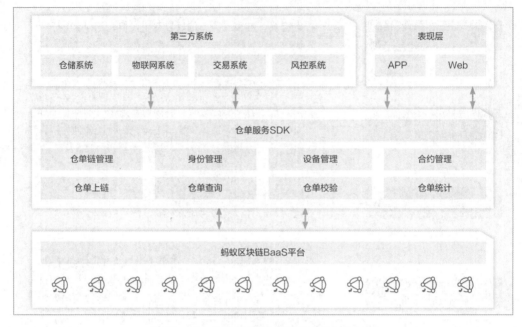

图11-23 区块链数字仓单平台的方案架构

区块链数字仓单平台的方案优势包括"安全可信""物权清晰""智能控货""行业实践"等方面,具体如图11-24所示。

图11-24 区块链数字仓单平台的方案优势

101 区块链在零售行业有何应用

对于零售行业来说,利用区块链技术可以为其提供基于异业联盟(Horizontal Alliances)的通兑积分,即使在不同的零售场景中,消费者也可以非常方便地使用积分,有助于提升消费者的回购率,以及实现各零售企业间的客源共享、忠诚度培养、协同创收。

如图11-25所示为迅雷链推出的零售积分共享平台的方案价值,通过区块链技术对积分进行存证,具有去中心化、安全信任、平等互利等特点,让消费者可以在不同商家之间使用通兑积分。

图 11-25　零售积分共享平台的方案价值

如图 11-26 所示为蚂蚁链推出的区块链积分营销平台的方案架构，基于区块链的资产化、数字化特征，帮助零售商家改善现有的营销服务场景，为商家提供丰富和个性化的积分营销体验。

图 11-26　区块链积分营销平台的方案架构

102　区块链在房地产领域有何应用

在房地产领域运用区块链技术，可以缩短房产买卖的中间环节，降低交易成本，同时还可以降低房地产行业的投资门槛，提高房产投资的流动性。图 11-27 所示为区块链技术在房地产领域的主要应用场景。

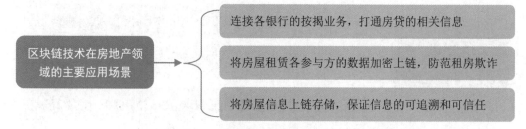

图 11-27　区块链技术在房地产领域的主要应用场景

例如，咔咔买房是一家基于区块链底层技术的房产认购交易平台，通过区块链电子产权证的方式提高了房产资产的流动性，让用户享受更多的房产增值红利，如图 11-28 所示。

图 11-28　咔咔买房平台

第 12 章

风险防范：区块链的安全如何保障

　　区块链是一个基于互联网架构且多方协同合作的开放系统，因此与互联网拥有很多相同的风险，同时早期的区块链应用大多为虚拟数字货币，这又进一步暴露了区块链的各种风险。因此，在应用区块链技术时需要做好风险防范，保障区块链系统的安全性。

103 区块链有哪些弊端

区块链的优势在于去中心化、数据不可篡改、可溯源等,能够改变整个社会的生产关系,给社会带来一定的价值。但是,在应用区块链技术时,我们同样也需要重视区块链的弊端,这样才能最大化地挖掘区块链的价值。如图 12-1 所示为区块链技术的主要弊端。

图 12-1 区块链技术的主要弊端

以区块链的数据不可篡改为例，其实这些数据的来源都在线下，一旦数据录入者作弊，在数据上链过程中造假，也是无法修改的。例如，A 在银行给 B 转账 10 元钱，若银行柜员自己私吞了其中的 1 元，只在系统中录入"转账 9 元"，那么这个"转账 9 元"的信息也是无法篡改的，谁也无法帮他找回损失。

因此，我们需要正视区块链的优势和弊端，以及这些利弊产生的不同影响，同时平衡两者并将其转化为实际的价值，这样才能真正让区块链技术为人类所用。

104 区块链的安全风险有哪些

信息可以复制，但价值不可以复制，这就是区块链技术诞生的初衷。不过，目前区块链技术的开发和应用仍然处于初级阶段，因此面临了众多的安全风险，如图 12-2 所示。

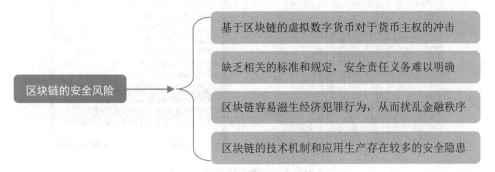

图 12-2 区块链的安全风险

另外，区块链系统在技术层面和业务层也面临不小的安全挑战和风险，如图 12-3 所示。

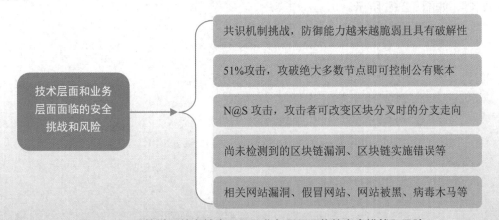

图 12-3 区块链系统在技术层面和业务层面面临的安全挑战和风险

> **专家提醒**
>
> N@S 攻击是指 Nothing at Stake(无利害关系)，是一种针对 POS 共识算法的远程攻击。

例如，2020 年 2 月，黑客利用 IOTA 钱包的漏洞窃取用户资金，并导致 IOTA 的整个网络都被关闭，损失估计为 85.5 万枚 MIOTA，价值约为 230 万美元。图 12-4 所示为 IOTA 钱包应用程序。

图 12-4　IOTA 钱包应用程序

再如，2018 年 4 月，黑客利用智能合约中的数值溢出漏洞攻击了一款名为 BEC 的代币，通过输入一串数字就套利近千万美元，导致该代币价格迅速缩水，币值归零，如图 12-5 所示。

```
function batchTransfer(address[] _receivers, uint256 _value) public whenNotPaused returns (bool) {
    uint cnt = _receivers.length;
    uint256 amount = uint256(cnt) * _value;        ← 发生溢出
    require(cnt > 0 && cnt <= 20);
    require(_value > 0 && balances[msg.sender] >= amount);

    balances[msg.sender] = balances[msg.sender].sub(amount);
    for (uint i = 0; i < cnt; i++) {
        balances[_receivers[i]] = balances[_receivers[i]].add(_value);
        Transfer(msg.sender, _receivers[i], _value);
    }
    return true;
}
```

图 12-5　BEC 智能合约中的数值溢出漏洞

105　最需要注意的灾难性风险是什么

在进行区块链交易时，还有 3 个最需要注意的灾难性风险，即个人管理风险、交易平台风险和政策规则风险，如图 12-6 所示。

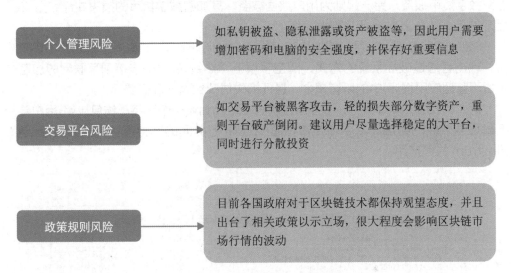

图 12-6　区块链的灾难性风险

例如，2020 年 2 月 17 日，加密数字货币交易所 FCoin 由于资金困难无法兑付其中用户提现的资金规模介于 7000～13000 个 BTC(价值约 7099 万～1.32 亿美元)之间，正式宣布"跑路"，交易平台进入无限期停摆，如图 12-7 所示。

图 12-7　FCoin 交易平台宣布"跑路"

106　加密数字货币是否会被盗

2020 年，全球出现了至少 5 起加密数字货币交易所被攻击事件，其中有 4 起为加密数字货币被盗，另一起则为用户数据被盗，其加密数字货币的损失共计约为 287 百万美元，以及 200 条用户数据被盗。

例如，2020 年 9 月，新加坡加密货币交易所 KuCoin 遭遇了大规模的黑客攻击，攻击者通过破坏系统的方式，清空了旗下"热钱包"(即连接到互联网的加密数字货币管理应用程序)中的所有资金，最低损失估计约为 1.5 亿美元。

再如，2020 年 10 月，黑客通过诱导 Electrum(一个比特币钱包应用)用户更新下载恶意软件的手法，从中盗走市值超 2200 万美元的比特币。图 12-8 所示为 Electrum 钱包应用。

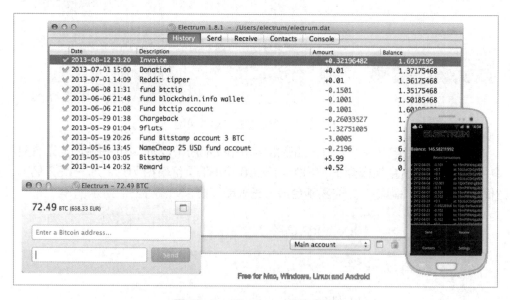

图 12-8　Electrum 钱包应用

加密数字货币之所以频频被黑客攻击，主要有如图 12-9 所示的 3 个原因。

通常情况下，用户需要使用账号和私钥才能登录加密数字货币交易所的钱包应用，而黑客也是利用这个途径盗走加密数字货币的，其惯用手法如图 12-10 所示。

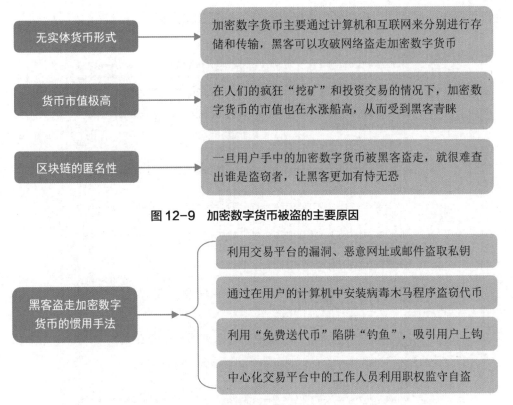

图 12-9　加密数字货币被盗的主要原因

图 12-10　黑客盗走加密数字货币的惯用手法

107　可以用法律手段追回被盗的损失吗

我国的现行法规政策对于加密数字货币的融资形式是明令禁止的，其交易行为也不受法律保护，同时也不认可各种交易所钱包应用中的加密数字货币。因此，只要交易所或用户的加密数字货币被盗，想要通过法律途径找回是非常困难的。

2017 年 9 月 4 日，中国人民银行、中央网信办、工业和信息化部、工商总局、银监会、证监会、保监会 7 部委发布《关于防范代币发行融资风险的公告》，其中明确规定代币发行融资中使用的代币或"虚拟货币"不具有与货币等同的法律地位，而且相关行为还会涉嫌从事非法金融活动，相关内容如图 12-11 所示。

2020 年 10 月 23 日，中国人民银行发布《中华人民共和国中国人民银行法(修订草案征求意见稿)》，其中第二十二条(代币)规定："任何单位和个人不得制作、发售代币票券和数字代币，以代替人民币在市场上流通。"

因此，各企业纷纷在海外市场开展虚拟货币相关业务，不过各国对于虚拟货币的监管手段也不尽相同，投资者也面临着各种不确定的政策风险。

一、准确认识代币发行融资活动的本质属性

代币发行融资是指融资主体通过代币的违规发售、流通，向投资者筹集比特币、以太币等所谓“虚拟货币”，本质上是一种未经批准非法公开融资的行为，涉嫌非法发售代币票券、非法发行证券以及非法集资、金融诈骗、传销等违法犯罪活动。有关部门将密切监测有关动态，加强与司法部门和地方政府的工作协同，按照现行工作机制，严格执法，坚决治理市场乱象。发现涉嫌犯罪问题，将移送司法机关。

代币发行融资中使用的代币或“虚拟货币”不由货币当局发行，不具有法偿性与强制性等货币属性，不具有与货币等同的法律地位，不能也不应作为货币在市场上流通使用。

二、任何组织和个人不得非法从事代币发行融资活动

本公告发布之日起，各类代币发行融资活动应当立即停止。已完成代币发行融资的组织和个人应当做出清退等安排，合理保护投资者权益，妥善处置风险。有关部门将依法严肃查处拒不停止的代币发行融资活动以及已完成的代币发行融资项目中的违法违规行为。

三、加强代币融资交易平台的管理

本公告发布之日起，任何所谓的代币融资交易平台不得从事法定货币与代币、“虚拟货币”相互之间的兑换业务，不得买卖或作为中央对手方买卖代币或“虚拟货币”，不得为代币或“虚拟货币”提供定价、信息中介等服务。

对于存在违法违规问题的代币融资交易平台，金融管理部门将提请电信主管部门依法关闭其网站平台及移动APP，提请网信部门对移动APP在应用商店做下架处置，并提请工商管理部门依法吊销其营业执照。

四、各金融机构和非银行支付机构不得开展与代币发行融资交易相关的业务

各金融机构和非银行支付机构不得直接或间接为代币发行融资和“虚拟货币”提供账户开立、登记、交易、清算、结算等产品或服务，不得承保与代币和“虚拟货币”相关的保险业务或将代币和“虚拟货币”纳入保险责任范围。金融机构和非银行支付机构发现代币发行融资交易违法违规线索的，应当及时向有关部门报告。

五、社会公众应当高度警惕代币发行融资与交易的风险隐患

代币发行融资与交易存在多重风险，包括虚假资产风险、经营失败风险、投资炒作风险等，投资者须自行承担投资风险，希望广大投资者谨防上当受骗。

对各类使用“币”的名称开展的非法金融活动，社会公众应当强化风险防范意识和识别能力，及时举报相关违法违规线索。

六、充分发挥行业组织的自律作用

各类金融行业组织应当做好政策解读，督促会员单位自觉抵制与代币发行融资交易及“虚拟货币”相关的非法金融活动，远离市场乱象，加强投资者教育，共同维护正常的金融秩序。

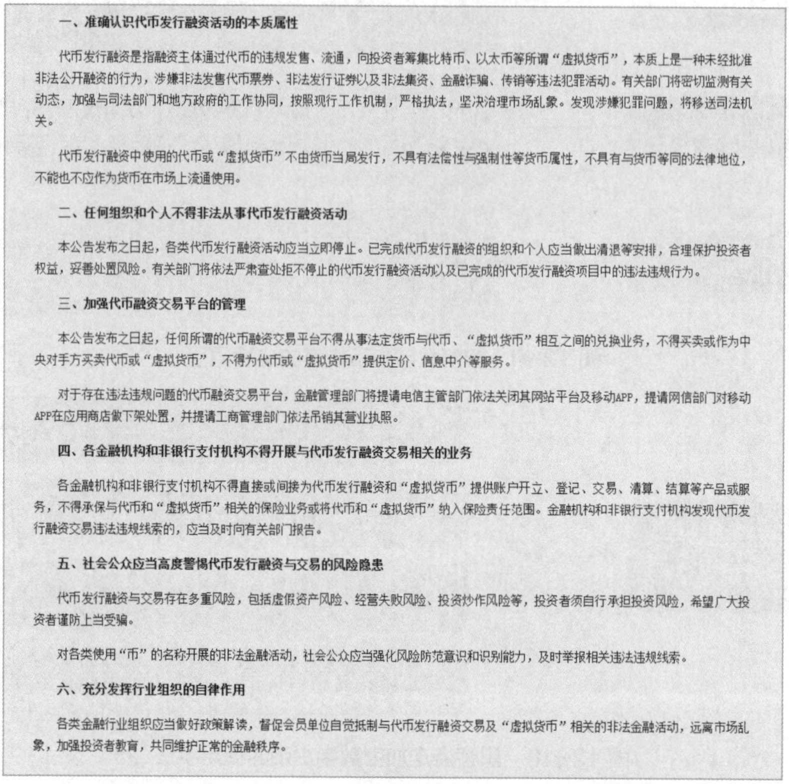

图 12-11　《关于防范代币发行融资风险的公告》的相关内容

就个人投资者而言，一定要保管好自己的区块链钱包密钥。区块链钱包应用不同于日常使用的钱包，它不是用来装钱的，而是用来管理存放加密数字货币的密钥的。图 12-12 所示为预防加密数字货币被盗的相关措施。

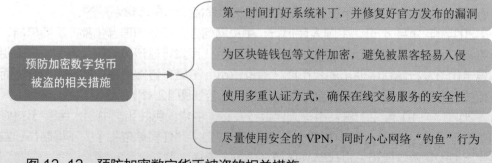

图 12-12　预防加密数字货币被盗的相关措施

专家提醒

VPN 是 Virtual Private Network 的缩写，指的是虚拟专用网络，属于一种远程访问技术。

108 如何辨别区块链项目是否为骗局

通常情况下，一个优秀的区块链项目具有如图 12-13 所示的几个特点。

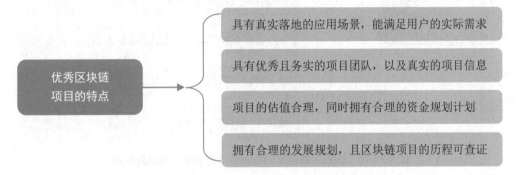

图 12-13 优秀区块链项目的特点

例如，很多承诺收益的区块链项目，以及一些仅以集资为目的与区块链并无太大关系的"空气币"往往都是骗局，投资者一定要注意分辨。图 12-14 所示为分辨区块链项目是否为骗局的常用方法。如果大部分的答案都是"否"，那么这个区块链项目十有八九是一个骗局。

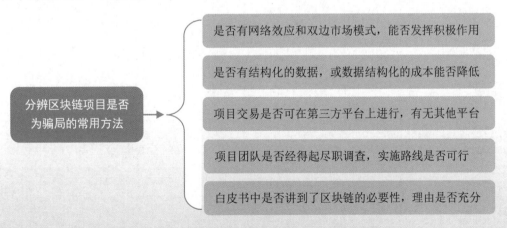

图 12-14 分辨区块链项目是否为骗局的常用方法

如果某个区块链项目没有任何成功的落地应用案例，而只是不断地募集资金，这种项目往往是骗局或"传销币"。图 12-15 所示为识别区块链项目是否为"传销币"的相关方法。

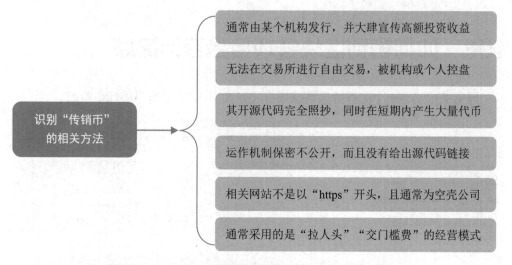

图 12-15　识别区块链项目是否为"传销币"的相关方法